Consolations

Texte latin établi par G. P. Good Ph. D.
pour The Loeb Classical Library
édité par Harvard University Press
et William Heinemann Ltd, 1979.

Couverture : Giotto, *Le Festin d'Hérode*, détail.
Florence, chapelle Peruzzi

106, boulevard Saint-Germain - 75006 Paris

ISBN : 2-86930-516-8
ISSN : 1158-5609

Sénèque

Consolations

A Helvia, ma mère
A Marcia

Préface de Ilsetraut Hadot

Traduit du latin par Colette Lazam

Rivages poche
Petite Bibliothèque

Collection dirigée par Lidia Breda

Du même auteur
dans la même collection

De la tranquillité de l'âme (n° 48)
De la brièveté de la vie (n° 53)

Sénèque.
Berlin, Staatliche Museen, Antikensammlungen.

Préface

Le genre littéraire de la consolation, si répandu dans l'Antiquité gréco-romaine a, autant que je sache, cessé d'exister à l'époque actuelle. Ce n'est pas un hasard : l'appel à la raison et à la maîtrise de soi en toutes circonstances est devenu tout à fait démodé (1), et l'indulgence envers les faiblesses humaines, l'appel à l'étourdissement et à la drogue sous toutes ses formes les plus variées, prennent de plus en plus sa place. En effet, bien qu'elle ait été souvent rédigée sous forme de lettre, la consolation antique n'a rien à voir avec nos lettres de condoléances, dans lesquelles nous nous efforçons d'assurer de notre compassion celui qui est frappé d'un deuil. Certes, le sentiment de la compassion n'était pas absent des anciennes consolations, il y était même souvent exprimé avec beaucoup de cœur et de sensibilité, mais elles ne se bornaient pas à ces manifestations de sympathie, bien au contraire : l'essentiel, dans ces écrits, consistait en un vigoureux appel à la raison et à la dignité humaine. « Le remède souverain contre la douleur, c'est la raison (*logos*) », dit l'auteur d'une longue lettre de consolation (*A Apollonios* 6, 103 F) (2) qui nous a été transmise sous le nom de Plutarque de Chéronée (IIe s.

de notre ère), mais que l'on a pendant longtemps considérée comme un pseudépigraphe. « Le rôle de la raison saine (*eulogistia),* en effet, est de prévenir le malheur menaçant, de le guérir quand il survient, de le réduire au minimum ou de se préparer à le supporter avec une virile et noble constance. » (*A Apollonios* 4, 103 A) C'était là la conviction non seulement de celui qui a composé cet écrit, Plutarque ou Ps.-Plutarque, mais de tous les très nombreux auteurs antiques qui se sont adonnés à ce genre d'exercice, et c'était généralement aussi la conviction des personnes auxquelles ces consolations s'adressaient. La raison était considérée alors comme l'élément qui était constitutif de la nature humaine ; par elle l'homme se distingue des bêtes, et non par ses instincts, qu'il a en commun avec celles-ci. C'est donc, selon l'opinion des anciens, par le développement de la raison, par la maîtrise des instincts, voire des passions, que l'homme arrive à l'accomplissement de sa nature propre, parvient à réaliser ce qui est proprement humain. En appeler à la raison humaine, c'est en appeler à la dignité de l'homme, à son humanité, c'est-à-dire à sa spécificité d'homme. Etre homme signifiait être raisonnable.

C'est ici que nous pouvons mesurer toute la distance qui sépare la psychothérapie d'aujourd'hui de celle d'antan. Nous, les modernes, nous avons tendance à ne prendre en compte essentiellement que l'individu avec ses possibilités et ses limites, sa structure psychique personnelle, et nous évitons de soumettre l'individu à des normes transcendantes, qu'elles soient de nature religieuse ou qu'elles soient issues d'une éthique philosophique, en sorte que le concept de normalité tend à disparaître. Poussée à l'extrême, cette méthode conduit à la négation de toute responsabilité de l'être humain. Les Anciens par contre, et pendant longtemps encore la civilisation européenne tout entière, attribuaient la plus grande importance non pas à l'individualité, bien que celle-ci ne fût pas méconnue, mais à des normes éthiques générales auxquelles tout un chacun avait à se conformer le plus possible au prix d'efforts incessants. Pour les Grecs et les Romains païens, ces normes étaient celles de la raison humaine en son acception la plus haute et la plus idéale.

Rappeler les autres et soi-même à la raison en toute circonstance, c'était là une préoccupation éminemment louable, un service à rendre aux autres et à soi-même ; c'était une sorte d'exercice spirituel ou de direction spirituelle. Ce phénomène explique la profusion des écrits de ce genre dans l'Antiquité : les exhortations, les consolations en cas de deuil, de bannissement, de maladie et pour d'autres circonstances douloureuses, mais aussi les admonitions à l'occasion d'événements heureux, par exemple de l'entrée en fonction dans une charge élevée. Condoléances et félicitations sont toujours immédiatement suivies par des exhortations à la maîtrise de soi. La riche correspondance de Cicéron nous en donne maints exemples, mais je me contente de citer encore une fois la *Consolation à Apollonios* de Plutarque : « ... l'homme de raison (*ho eulogistos)* est celui qui se maintient dans les limites convenables, qui est capable de se comporter sagement dans la vie en face des événements heureux comme en face de ceux qui sont pénibles, qui sait d'avance que, de même que dans une démocratie, où les charges sont réparties par le tirage au sort, lorsqu'on est élu on doit les remplir, et lorsqu'on ne l'est pas, on doit accepter la décision du hasard sans se plaindre, de même, il faut se conformer sans récriminer et docilement à l'ordre des choses. Ceux qui en sont incapables sont également incapables de garder la sagesse et la mesure dans la bonne fortune... C'est la marque des hommes cultivés et sages de rester eux-mêmes en face de ce que nous croyons être le bonheur, et en face du malheur de garder une attitude noble et digne. » (*A Apollonios,* 4, 102 E s.)

Bien que ce genre littéraire d'exhortations et de consolations ait pris son vrai essor dans les écoles de philosophie stoïcienne et platonicienne à partir du IIIe siècle avant notre ère, il n'en est pas moins vrai que ses débuts remontent aux sophistes, c'est-à-dire au IVe siècle. Cela nous amène à traiter d'un autre aspect très important de la parénèse antique à côté de sa rationalité : son caractère rhétorique. Il est vrai que les sophistes n'avaient pas été les premiers à découvrir la force de persuasion du discours humain — la poésie épique d'Homère en est un éclatant témoignage. Pourtant ce sont eux qui ont développé les premiers une vraie technique de la persuasion, qui devait trouver son application aussi dans le domaine de la consolation. Le discours (*logos :* c'est le même mot grec qui signifie tout à la fois raison, langage, discours), les sophistes l'ont fortement souligné, peut déchaîner des passions tout autant qu'il peut les calmer. Mais pour qu'il puisse exercer tout son pouvoir psychagogique et parénétique, le raisonnement nu, la dialectique, ne suffit pas ; il faut qu'il soit construit avec toutes les règles d'art de la rhétorique, avec toutes les figures de style, avec des clauses finales rythmées. Il faut qu'une pensée soit exprimée de la manière la plus efficace, la plus percutante, la plus impressionnante. Il faut que non seulement l'intellect puisse suivre l'argumentation, mais que des émotions soient provoquées ou calmées par la force du langage : par ses amplifications et antithèses, ses sentences et citations de poètes, mais aussi par des exemples puisés dans l'histoire et présentés avec des images fortes, montrant des hommes et des femmes dans des situations analogues et les maîtrisant noblement et courageusement. Sénèque, stoïcien pratiquant la parénèse philosophique dans toutes ses formes, excellait dans l'art de la persuasion qu'était la rhétorique.

Certes, le discrédit que Platon avait jeté sur les pratiques des sophistes à cause de quelques procédés moralement condamnables, a d'abord amené les philosophes à prendre leurs distances vis-à-vis d'elle. Bien plus, l'école stoïcienne, à laquelle Sénèque appartenait, la rejetait complètement : la rhétorique qui formait avec la dialectique une des trois parties de la philosophie stoïcienne, la logique, n'avait gardé de la rhétorique sophistique que le nom ; elle se réduisait au dire vrai sans qu'aucune forme d'embellissement artificiel du langage ne fût permise. Le langage stoïcien était réputé pour ses phrases laconiques et sobres. Mais le manque d'efficacité d'un tel langage était évident quand il s'agissait de vouloir persuader. Et vouloir persuader, faire des prosélytes en convertissant les gens non tant à un système philosophique qu'à une certaine forme de vie philosophique, c'était précisément le but principal de toutes les écoles philosophiques de l'Antiquité. C'est pour cette raison que la rhétorique, sans les excès sophistiques, avait, à partir de l'époque hellénistique, repris sa place dans les écoles platoniciennes et péripatéticiennes. Mais ces philosophes s'empressaient de souligner que personne d'autre qu'eux-mêmes ne savait utiliser la rhétorique comme il fallait, c'est-à-dire sans abus moral. Sénèque allait donc s'en servir lui aussi, comme le feraient d'ailleurs plus tard tous les grands prédicateurs de la chrétienté. Mais, à ses yeux, ce n'était pas la forme cicéronienne de la rhétorique qui était la mieux adaptée à la parénèse : de longues périodes bien construites lui semblaient trop lénifiantes, trop monotones, comme il le dit à deux endroits de ses *Lettres à Lucilius*. « Que dirons-nous de cette autre forme de composition de la phrase, de la période lente à se dénouer comme celles de Cicéron, qui suivent leur pente, nous tiennent mollement suspendus et par la même formule habituelle reproduisent leur cadence accoutumée ? » (*Lettre à Lucilius,* 114, 16) « Chez lui (Cicéron) la phrase est tout unie, posée et souple en ses inflexions, molle sans avachissement. » (*Lettre à Lucilius,* 100, 7) Ce que Sénèque recherche, c'est un style diversifié et adapté aux différentes situations de la parénèse. Quand il décrit une vertu comme par exemple la grandeur d'âme, il fait monter l'enthousiasme du lecteur ou auditeur — on lisait généralement à haute voix dans l'Antiquité — par des phrases de longueur moyenne ou même assez longues, qui atteignent par degrés, par des amplifications de plus en plus marquées, au sublime, pour faire ressentir par la beauté du langage et la force des images la splendeur du sujet. Par contre, quand il faut tirer l'auditeur de son indifférence, l'éveiller, le secouer, l'ébranler même, Sénèque utilise avec prédilection des sentences, et à l'occasion il cite des vers. A un adversaire qui soutient que des parénèses, si l'on ne les accompagne pas de preuves de leur vérité, n'ont aucune utilité, Sénèque répond : « ... les préceptes ont par eux-mêmes beaucoup de poids, *surtout si on les fait entrer dans la forme du vers ou si la prose les resserre en sentences bien frappées,* comme les adages de Caton : "Achète non l'utile, mais l'indispensable. Ce qui n'est pas utile est cher, même au prix d'un as." Telles encore les réponses d'oracles ou des choses semblables : "Sois ménager du temps." "Connais-toi." Réclameras-tu des explications, quand on te citera ces vers : "Le remède à l'injure est l'oubli", "La fortune vient en aide aux audacieux." "L'inerte se fait lui-même obstacle" ? Ces vérités se passent d'avocat. Elles ont une action directe sur les passions et sont utiles, parce que la nature exerce son pouvoir. Les âmes portent en elles les semences de tout ce qui est moralement bon, qui lèvent par l'effet des admonitions, comme, à l'aide d'un souffle léger, le feu se dégage de l'étincelle. La vertu se redresse aussitôt qu'elle est touchée et qu'elle a reçu une impulsion. J'ajoute que l'âme renferme en elle certaines choses, mais qui ne sont pas suffisamment prêtes et qui ne commencent à être disponibles qu'une fois formulées ; d'autres gisent éparpillées dans des endroits différents et ne peuvent être rassemblées par un esprit inexercé : il s'agit donc d'opérer ce rapprochement, afin qu'elles gagnent en force et soulagent mieux l'âme. » (*Lettre à Lucilius,* 94, 27-29) Le fait d'être comprimée dans une sentence ou un vers donne à une pensée la force d'un projectile lancé par un bras vigoureux, dit ailleurs encore Sénèque. (*Lettre à Lucilius,* 108, 8) Vers et sentence affectent directement l'auditeur ; ils provoquent cette forte impression sur l'âme qui est surtout nécessaire dans les premières phases de la direction spirituelle, lorsqu'il ne s'agit pas en première ligne d'enseigner, mais d'éveiller l'attention, de stimuler, de soutenir la mémoire et d'empêcher l'oubli.

Le style de Sénèque correspondait admirablement à toutes les exigences de la parénèse, et c'est pourquoi cet auteur a eu un très grand succès auprès de ses contemporains, qui s'est maintenu jusqu'au Moyen Age et à la Renaissance. Laissons parler Montaigne : « Que Cicero, pere d'eloquence, traite du mespris de la mort ; que Seneque en traite aussi : celuy là traine languissant, et vous sentez qu'il veut resoudre de chose dequoy il n'est pas resolu ; il ne vous donne point de cœur, car luy-mesme n'en a point ; l'autre vous anime et enflamme. » (*Essais,* II, 31)

Nous avons essayé d'expliquer deux aspects de la consolation antique qui ont été particulièrement mal compris par de nombreux contemporains : sa rationalité et ses procédés rhétoriques. Tout particulièrement on a souvent critiqué Sénèque pour son style sentencieux et brillant : le feu d'artifice rhétorique ne serait destiné qu'à cacher le vide de la pensée et du sentiment. Mais c'est là, comme nous l'avons vu, méconnaître complètement les intentions de Sénèque ainsi que les fondements de la parénèse antique.

On a aussi souvent reproché à la consolation antique son apparente banalité. Il est vrai que, dans toutes les consolations écrites, dans l'Antiquité, à l'occasion d'un deuil, nous retrouvons à peu près toujours les mêmes arguments : nous, les êtres humains, nous sommes tous des mortels, nous ne possédons rien, tout ne nous est que prêté pour un temps plus ou moins long ; il vaut mieux mourir jeune dans un état de relative innocence plutôt que d'avoir l'occasion, fournie par une vie plus longue, de nous corrompre ; ou bien l'âme est immortelle, et la survie nous est promise si nous avons vécu vertueusement ; ou, si l'on croit que la mort est un anéantissement complet du corps et de l'âme, l'état qui suit la mort sera le même que celui où nous étions avant d'être nés, c'est-à-dire une absence totale de sensation et de conscience ; comme le temps adoucit peu à peu la douleur et la fait finalement disparaître, il est plus digne de devancer par la raison l'effet du temps et de faire un effort tout de suite pour la supprimer et pour vaquer normalement à nos devoirs ; dans l'histoire du monde et de l'humanité, la vie individuelle n'a pas plus d'importance qu'un grain de sable, etc. A quoi peut bien servir, dira-t-on, toute cette énumération de lieux communs, connus par tous ? C'est que, précisément, la nouveauté des arguments, leur originalité, n'était nullement recherchée par les Anciens. De toute manière, les consolations, dans les meilleurs cas, avaient pour but de rappeler des choses connues, de les réactiver dans l'âme. « Quand me fut parvenue la nouvelle du décès de ta fille Tullia, écrit Servius à Cicéron (*Ad familiares* IV, 5), j'en ai été littéralement accablé, autant qu'il se devait, et j'ai considéré que ce malheur nous frappait en commun ; ... cependant, j'ai décidé de t'écrire brièvement toutes les idées qui me sont venues sur le moment à l'esprit, car, si je ne crois pas qu'elles t'échappent, il se peut que la douleur t'empêche de les voir clairement. » Et Cicéron (*Ad familiares,* V, 13, 1-2), en réponse à une consolation qui lui a été adressée, dit la même chose : « Je tiens que c'est là le principal mérite de la sagesse : ne dépendre de rien d'autre que soi et avoir des raisons de vivre — heureux ou malheureux — indépendantes de l'extérieur. Cette idée n'était pas complètement sortie de mon esprit, tant elle y était enracinée ; cependant elle avait été quelque peu ébranlée et arrachée par la violence des tempêtes et la confluence des désastres ; je vois bien que tu t'emploies à fortifier cette idée, comme tu l'avais déjà fait dans ta dernière lettre, avec une efficacité dont j'éprouve tout le bienfait. »

Servius aussi bien que Cicéron sont donc accoutumés à ce genre de raisonnements, ils en sont même imprégnés, mais ils ne croient pas, pour autant, inutile ce genre de rappel qu'est la consolation. S'ils pensent ainsi, c'est qu'ils sont tous les deux accoutumés à une pratique qui, elle aussi, a aujourd'hui presque complètement disparu en Europe : l'exercice spirituel (3). En effet, toutes les écoles de philosophie de l'Antiquité ne visaient qu'un seul but : donner à leurs adeptes les moyens spirituels pour garder leur équilibre psychique dans toutes les situations de la vie, et surtout dans les situations précaires et pénibles. Pour obtenir ce résultat, elles avaient d'un côté développé et enseigné leurs doctrines philosophiques, mais d'un autre côté elles étaient parfaitement conscientes du fait que la simple connaissance d'une doctrine, si salutaire fût-elle, ne garantissait pas sa mise en pratique. Avoir appris théoriquement que la mort n'est pas un mal ne suffit pas pour ne plus la craindre. Pour que cette vérité puisse pénétrer au plus profond de l'être, pour qu'elle ne soit pas crue pendant seulement un bref moment, mais qu'elle devienne conviction inébranlable, qu'elle soit toujours « prête », « sous la main », « présente à l'esprit », qu'elle soit un « habitus de l'âme », comme disaient les Anciens, il faut s'exercer constamment et sans relâche — « jour et nuit », comme dit Cicéron. A cela s'ajoute un mode de vie simple afin de ne pas être habitué au superflu le jour où il faudra s'en séparer.

Ces exercices sont certes des exercices de méditation, mais qui ne concernent pas seulement la raison ; pour être efficaces, ils doivent associer l'imagination et l'affectivité au travail de la raison, donc tous les moyens psychagogiques de la rhétorique dont nous avons parlé plus haut. Il est recommandé, surtout par les stoïciens, de se mettre « devant les yeux » dans une fréquente préméditation, non seulement tous les événements pénibles qui sont susceptibles d'arriver un jour ou l'autre, mais aussi d'avoir présents et disponibles dans la mémoire tous les exemples édifiants que livrent l'histoire, la poésie épique et la tragédie pour les diverses circonstances.

Nous avons parlé des préceptes et des exercices spirituels qui les développent et les amplifient et qui forment en général, comme Sénèque l'affirme (*Consolation à Marcia,* II, 1), la première partie d'une consolation, la deuxième étant constituée par des exemples. Si les préceptes disent ce qu'il faut faire, si les exercices spirituels achèvent de nous persuader de le faire, les exemples ont pour fonction de montrer qu'il est possible de le faire, parce que cela a déjà été fait. Ils jouent donc le rôle de la preuve, ils s'imposent par leur autorité. Ils satisfont autant la raison que l'émotivité par l'admiration et le désir d'imitation qu'ils provoquent.

Les plus convaincants sont les exemples que l'on trouve dans son propre entourage et qui sont pour ainsi dire palpables. C'est pourquoi la bonne conduite de celui qui a écrit la consolation a encore plus d'efficacité que la consolation elle-même. « Les arguments que tu as rassemblés avec autant de finesse que de richesse ont un grand pouvoir de consolation, mais rien ne vaut l'exemple de fermeté et de force d'âme que tu m'as montré et que je jugerais tout à fait déshonorant de ne pas imiter », écrit Cicéron à un certain Luccéius. (*Ad familiares,* V, 13, 3) A l'occasion on peut aussi inviter celui que l'on veut consoler à s'imiter lui-même, à prendre exemple sur l'attitude qu'il a eue lui-même en d'autres circonstances. Ainsi Servius clôt en ces termes sa lettre de consolation à Cicéron que nous avons déjà citée plus haut : « Nous t'avons vu plus d'une fois te comporter magnifiquement devant le bonheur et en tirer une grande considération, donne-nous enfin l'occasion de constater que, dans l'adversité aussi, ton comportement peut rester le même et que ce fardeau ne te paraît pas plus lourd qu'il ne doit... » (*Ad familiares,* IV, 5, 6) Plutarque, dans sa *Consolation à sa femme,* écrite à l'occasion de la mort de leur fille, ne cite aucun autre exemple que la vie courageuse et sage que sa femme a vécue jusqu'ici : il lui suffit de continuer à la vivre de la même manière qu'avant.

Mais en général ce sont l'histoire, la poésie épique et la tragédie qui livrent les exemples dont la consolation a besoin. Pour rassembler ces exemples, il fallait avoir lu beaucoup, même si l'on pouvait faire usage également de florilèges ou recourir à d'autres consolations fameuses, dans lesquelles se trouvait déjà un certain nombre d'exemples. Des personnages qui étaient, comme Sénèque et Plutarque, habitués à des exercices spirituels, avaient très certainement rassemblé des notes personnelles sur chaque sujet de méditation.

Quand on voit l'amplitude des moyens mis en œuvre pour qu'une méditation soit efficace, il est certain que ne pouvaient y réussir parfaitement que les gens cultivés, c'est-à-dire ceux à qui leur fortune et leur sexe avaient permis de parcourir le cursus complet des études : grammaire (littérature et histoire), rhétorique et philosophie (logique, éthique, physique et théologie, astronomie, géométrie, arithmétique, théorie de la musique), la philosophie n'étant étudiée que par un nombre très restreint qui ne comprenait presque pas de femmes. La culture à elle toute seule n'assurait sans doute pas un comportement rationnel et responsable — il fallait pour cela une certaine force ou « noblesse » naturelle de caractère —, mais, tout en étant conscients de ce fait, les Anciens, sauf les cyniques, et dans une certaine mesure les épicuriens, étaient néanmoins persuadés que, sans la culture, ce comportement était quasiment impossible, plus précisément qu'il n'était donné qu'à un très petit nombre d'hommes, particulièrement favorisés par la nature, d'arriver tout seuls, sans aucun enseignement, à la maîtrise de soi, mais que tous les autres avaient besoin d'être guidés et instruits. Il est très significatif dans ce contexte que, pour Plutarque, dans le texte cité plus haut, être cultivé et être sage vont ensemble. Et dans sa *Consolation à Apollonios,* Plutarque souligne que « les hommes moins nobles et qui ne sont pas exercés ne sont même pas capables parfois de recourir à la réflexion pour prendre un parti convenable ou utile ; ils se mettent hors d'eux-mêmes et se plongent dans les pires misères... » (21, 112 D) Pour les stoïciens comme pour les platoniciens, la raison ou l'âme raisonnable était ce qui liait l'homme au divin et, pour arriver à la ressemblance la plus grande possible avec le divin, il fallait aider la raison à grandir, à se déployer, à se fortifier, il fallait faire d'elle la partie dominante de l'homme, et cela ne pouvait se réaliser que par les études, qui exerçaient et développaient la raison. L'achèvement de ces études était la philosophie. Le fameux cycle des sept arts libéraux, dont l'origine et le but ont été pendant longtemps mal connus, n'était autre chose que le programme d'études préliminaires à celles de la philosophie que les néoplatoniciens à partir de Porphyre (IIIe siècle de notre ère), pensaient être nécessaires pour que l'âme raisonnable puisse retourner après la mort du corps dans sa patrie (4). Même le chrétien Augustin, dans son dialogue *De l'ordre,* adhérait encore à cette opinion. Par ailleurs, des exemples d'« héroïsation par la vertu et la culture » sont bien attestés dans le monde gréco-romain.

Ce genre d'héroïsation ou divinisation est issu de la tradition philosophique grecque, et c'est sur cette dernière que par exemple Cicéron se fonde quand il prend la décision d'édifier un sanctuaire en l'honneur de sa fille Tullia et d'y consacrer une statue de celle-ci (5). Comme il le dit lui-même (*A Atticus,* XII, 18, 1), il s'appuie sur l'autorité de plusieurs des écrivains qu'il ne cesse de lire après la mort de sa fille, c'est-à-dire des philosophes. Et un peu plus loin, dans la même lettre, il écrit : « Je suis résolu à consacrer ma fille par des témoignages de toute sorte empruntés à tous les grands esprits, Grecs et Latins. » On pense que Cicéron parle là de citations de textes philosophiques qui affirmaient la destinée divine des âmes et qu'il voulait probablement faire graver sur le piédestal et sur les murs du sanctuaire. Dans l'esprit de Cicéron, il s'agissait d'une véritable divinisation (*germanam apotheosin).* Nous possédons, grâce à Lactance (*Instit. div.,* I, 15, 20), un fragment de la *Consolation à lui-même* de Cicéron, où ce dernier s'adresse à sa fille défunte par ces mots : « ... cela je le ferai certainement, et toi, la plus vertueuse et la plus savante entre tous, avec l'approbation des dieux immortels eux-mêmes dont tu partages la compagnie, je te consacrerai ». Car, comme il l'affirme en un autre endroit de cette même consolation (Lactance, *Instit. div.,* I, 19, 6), il faut être vertueux et instruit pour accéder à la condition divine : « En effet, ces mêmes sages ont estimé que l'accès au ciel n'était pas ouvert pareillement à tous : ils ont enseigné que les âmes souillées de vices et de crimes s'enfonçaient dans les ténèbres et étaient plongées dans la fange, tandis que les âmes pieuses, pures, intactes, sans tache, affinées de surcroît par la pratique des bonnes études et des arts, volaient jusqu'aux dieux, c'est-à-dire à une réalité semblable à la leur, par une sorte de glissement doux et facile. » Et, au début du Ve siècle de notre ère, le néoplatonicien Martianus Capella, dans ses *Noces de Philologie et de Mercure* (II, 120), dit de Philologie, qui symbolise l'éducation purificatrice de l'âme raisonnable, qu'elle est « familiarisée avec les arts qui peuvent faire atteindre les sommets du ciel par la tension de l'intellect ». Comme le contexte l'indique, ces arts sont les sept arts libéraux dont nous venons de parler (6).

L'importance qu'avait aux yeux des Anciens la culture se reflète aussi dans la distinction de plusieurs couches de l'humanité selon leur résistance plus ou moins grande à la douleur psychique. « D'abord, dit Sénèque, un même deuil blesse plus profondément les femmes que les hommes, les Barbares que les gens appartenant à une nation pacifique et éduquée, les ignorants que les gens instruits. » (*Consolation à Marcia*, VII, 3 ; cf. Plutarque, *Consolation à Apollonios*, 22, 113 A) Mais Sénèque ne veut pas dire par là que la femme est par sa nature même prédisposée à un abandon plus grand au deuil — une telle opinion ne serait d'ailleurs pas conforme aux doctrines des stoïciens, qui tenaient beaucoup à affirmer l'égalité de la femme et de l'homme. Cette phrase en effet se trouve dans un contexte où il veut prouver que ce comportement de la femme n'est pas naturel : « Le feu brûlera indifféremment des individus de tous âges, des citoyens de toutes villes, les hommes comme les femmes ; le fer prouvera indifféremment sa capacité à trancher, quel que soit le corps. Pourquoi ? parce que ces propriétés leur ont été données par la Nature qui n'établit rien à l'échelle de l'individu. Mais la pauvreté, le chagrin occasionné par le deuil, le mépris, chacun les éprouve diversement, selon qu'il est plus ou moins corrompu par les habitudes et selon que le rend plus ou moins faible et sans courage l'opinion terrifiante qu'il se fait de choses qui ne sont pas terrifiantes. » (*Consolation à Marcia,* VII, 4) Mais si ce n'est pas sa nature qui rend la femme si vulnérable, ce ne peut être que le manque d'instruction ; car elle se trouve ainsi plus soumise aux coutumes les moins justifiées. C'est la même inculture qui distingue le Barbare du Grec ou du Romain, et les hommes du peuple de l'élite cultivée. Plutarque, dans la consolation qu'il a adressée à sa femme (7, 610 B), la loue expressément de s'être affranchie des habitudes courantes et d'avoir interdit sa maison et celle d'une amie à « ces visites de femmes détestables qui viennent crier et mêler leurs pleurs à ceux des autres, et par là, exciter et aiguiser le chagrin sans permettre que d'autres l'adoucissent ou qu'il se calme de lui-même ». Et en effet, qui a pu voir une fois, dans le Proche-Orient ou en Grèce, ces fameuses « pleureuses » en action, ne peut être que choqué par l'explosion frénétique d'un deuil aussi sauvage que fictif, chez ces femmes tenues à l'écart de l'instruction la plus élémentaire et soumises à des coutumes ancestrales. Si l'on rencontre donc, dans les deux consolations de

Sénèque adressées à sa mère et à Marcia, qui étaient toutes deux des femmes de la haute société romaine, des formules comme « Ne va pas te retrancher derrière ta qualité de femme » (*A Marcia*, VIII, 1 ; *A Helvia*, XVI, 1 et 5), il ne faudrait pas, je crois, vouloir y déceler l'affirmation d'une différence naturelle entre les capacités intellectuelles et morales de la femme et de l'homme, mais plutôt le constat de la condition sociale de la femme : la femme, soumise à la tutelle de son père, oncle ou mari, n'a, même si elle appartient à la haute société, presque jamais accès au même degré d'instruction que les hommes de la même couche sociale. Le portrait que Sénèque peint de sa mère dans la consolation qu'il lui adresse (*A Helvia*, XVII, 3 ss.) est à cet égard tout à fait significatif : « Autant de raisons pour que je te guide là où doivent se réfugier tous ceux qui cherchent à fuir la Fortune : les études libérales. Elles guériront ta blessure, elles te délivreront complètement de ta tristesse. Même si tu n'y avais jamais été initiée, il te faudrait maintenant t'y adonner ; mais pour autant que te l'ait permis le rigorisme traditionaliste de mon père, même si tu n'as pas assimilé tous ces arts libéraux, tu en as eu tout au moins une première approche.

Ah ! si seulement mon père, cet excellent homme, s'en était moins remis à l'usage de ses ancêtres et s'il avait voulu qu'on t'inculque les préceptes de la sagesse au lieu de se contenter de t'en imprégner ! Tu n'en serais pas actuellement à chercher une protection contre la Fortune, tu la mettrais d'ores et déjà en œuvre ; mais par la faute de ces femmes qui ne se cultivent pas pour acquérir la sagesse mais se parent d'un vernis intellectuel pour se livrer aux pires excès, il ne t'a guère permis de t'adonner aux études. Cependant, grâce à tes capacités d'assimilation, tu t'es davantage imprégnée de culture qu'on pouvait s'y attendre, en si peu de temps ; les fondements de toutes les disciplines ont été posés. Reviens maintenant vers ces disciplines : elles te garantiront la tranquillité.

Elles te consoleront, elles te charmeront et, si elles pénètrent pour de bon dans ton âme, celle-ci ne sera plus jamais accessible à la douleur ni à l'anxiété ni non plus au vain tourment d'une souffrance inutile. Ton cœur ne sera ouvert à rien de tout cela : il y a longtemps qu'il s'est fermé à tous les autres vices. Les études sont, sans aucun doute, les plus sûres protections, seules susceptibles de te délivrer de l'emprise de la Fortune. »

C'est également vers les études que se tourne Cicéron, dans des circonstances politiques particulièrement pénibles pour lui et après la mort de sa fille, qui l'avait profondément touché. Après avoir lu chez son ami Atticus, pendant les trois semaines qu'il avait passées chez lui immédiatement après la mort de sa fille, tous les textes, « de qui que ce soit, sur l'allègement du chagrin » (*A Atticus,* XII, 14, 3 ; cf. *ibid.,* XII, 20, 1), il essaie de s'exhorter lui-même en s'adressant à lui-même une consolation entièrement rédigée qu'il acheva au bout de trois ou quatre jours de travail intensif. Cette *Consolation à lui-même* que Cicéron jugeait excellente, Jérôme, le Père de l'Eglise, la lisait encore au IVe siècle de notre ère, mais elle ne nous est pas parvenue. Cette consolation finie, il reprend à fond ses autres études philosophiques. Si Cicéron dit lui-même que, malgré tous ses efforts, il ne fait, à son avis, pas assez de progrès quant à la maîtrise de son chagrin, les travaux qu'il a entrepris pendant cette période, dont plusieurs de première importance, témoignent assez en faveur du fait qu'il ne s'est pas laissé submerger par la douleur et qu'il a employé avec succès toute son énergie pour faire diversion à celle-ci à défaut de pouvoir la vaincre tout à fait.

L'écrit qu'envoie Sénèque à sa mère pour la consoler de son propre exil, est d'ailleurs aussi en partie une consolation adressée à lui-même, car nombre des arguments qu'il emploie dans cette consolation lui ont servi sûrement à lui-même pour vaincre sa propre douleur. Et que dire de la plus admirable consolation que jamais personne n'ait écrite pour lui-même : la *Consolation de la Philosophie,* de Boèce, qui a été rédigée en prison, peu avant son exécution, par ce haut fonctionnaire romain condamné à la mort par Théodoric ? (7) Si mes développements antérieurs n'ont pas suffi à convaincre le lecteur que la consolation antique était tout autre chose qu'un produit de pure convention, ces trois consolations à soi-même que je viens de mentionner montrent à souhait qu'il s'agissait là, aux yeux des Anciens, d'un exercice spirituel intense, apte à activer toutes les ressources intérieures que l'on possédait pour arriver à la maîtrise de soi.

Encore une dernière remarque : que l'on ne s'étonne pas du fait que les deux consolations que le stoïcien Sénèque envoya à sa mère et à Marcia, ne contiennent pas que des réflexions de facture stoïcienne. Cela n'est pas le fait d'un quelconque éclectisme de la part de Sénèque, comme on l'a souvent pensé, mais se fonde sur une pratique générale de la direction spirituelle antique. Ainsi Chrysippe, le deuxième fondateur du stoïcisme comme on l'appelle souvent, a donné le conseil, dans son *Therapeutikos,* de ne pas commencer, dans les premiers stades de la guérison des passions, par enseigner les dogmes philosophiques de son école, mais de se conformer au début aux opinions d'autrui, philosophiques ou vulgaires. Une consolation, qu'elle soit écrite par le stoïcien Sénèque ou par l'académicien Crantor, essaie donc toujours de rassembler tous les arguments disponibles d'où qu'ils viennent. Et c'est pour cela que le stoïcien Panétius a pu recommander la lecture de la consolation de l'académicien Crantor. Il ne faut donc pas s'étonner de trouver côte à côte par exemple des arguments stoïciens et des arguments spécifiquement épicuriens, comme celui qui conseille de se réjouir en se répétant, à propos d'un ami défunt, les bons souvenirs et les moments de bonheur passés ensemble, au lieu d'entretenir une douleur stérile.

Quelques dates biographiques nous permettront, pour terminer, de situer historiquement les deux *Consolations* qui sont réunies dans le présent ouvrage. Sénèque (Lucius Annaeus Seneca), philosophe stoïcien, poète et homme d'Etat, est né à Cordoue, une des plus anciennes colonies romaines en Espagne. De plusieurs dates que l'on avance pour sa naissance, l'an 1 avant notre ère semble être la plus probable. C'est à Rome qu'il reçoit l'enseignement en grammaire (littérature) et rhétorique, habituel pour un fils de bonne famille, et qu'il suit, à sa propre initiative, des cours en philosophie. Il embrasse la carrière sénatoriale et occupe, avant son exil en 41, la fonction de questeur et certainement encore une fonction plus élevée, intermédiaire entre celle de questeur et celle de préteur, qu'il occupe immédiatement après son retour d'exil. L'exil de Sénèque en Corse a été ordonné par l'empereur Claude en 41 à la suite d'une accusation d'adultère avec Julia Livilla, fille de Germanicus et sœur de l'empereur défunt Caligula. Cette accusation semble bien avoir été plutôt provoquée par une intrigue de cour que par un fait authentique. Du début de cet exil (41-49) date la consolation que Sénèque envoie à sa mère Helvia.

Il est plus difficile de donner une date à sa *Consolation à Marcia,* écrite trois ans après la mort du deuxième fils de celle-ci, le premier étant mort déjà avant. Marcia est la fille de l'historien A. Cremutius Cordus, admiré pour sa franchise, qui écrivit une histoire (*Annales)* des guerres civiles (à partir de la mort de Cicéron ?) et au moins des débuts du principat d'Auguste. Son attitude républicaine le mettait en opposition avec le principat. Après avoir, par des remarques critiques, provoqué, sous le règne de Tibère, l'inimitié du très influent préfet du prétoire Seianus, il fut accusé en 25 de notre ère pour avoir fait, dans ses *Annales*, le panégyrique des assassins de César : Brutus et Cassius. S'étant courageusement et fièrement défendu devant le sénat, mais sachant qu'il serait condamné, il se laissa mourir de faim. Ses œuvres furent brûlées et interdites. Sa fille Marcia réussit néanmoins à en sauver le texte et elle entreprit une réédition, quelque peu expurgée, sous le règne de

Caligula, avec l'autorisation de ce dernier. Comme Sénèque mentionne au début de sa *Consolation à Marcia (*I, 3) cette œuvre de restauration, cela suppose qu'elle n'a pu être écrite avant l'avènement de Caligula qui a eu lieu en mars 37. On a souvent argué que, pour des raisons stylistiques et en raison d'une certaine gaucherie dans l'argumentation, cette consolation devrait être une œuvre de débutant, donc écrite avant l'exil, dans les années 37 à 40. Cette argumentation ne prend pas en compte le fait que, déjà au temps de Caligula, Sénèque était un orateur célèbre et semble plutôt reposer sur l'appréciation anachronique du genre littéraire des consolations en général, dont nous avons parlé plus haut. Dans une des plus récentes monographies sur Sénèque (8), P. Grimal a essayé de prouver que la *Consolation à Marcia* a dû être écrite sous le règne de Caligula, mais le passage sur lequel il s'appuie principalement (XXII, 1) ne fournit à mon avis aucune preuve pour cette datation. Sénèque s'y exprime ainsi : « Trouve-moi de nos jours une seule personne dont la condition soit si assurée et si solidement établie qu'elle n'ait rien à redouter de l'avenir. » Je ne vois pas pourquoi Sénèque n'aurait pas pu écrire cela avec d'aussi bonnes raisons sous le règne de Claude : l'*Apocolocyntosis* démontre assez ce qu'il en pensait. La *Consolation à Marcia* a donc pu être écrite entre 37 et 54, la fin du règne de Claude.

En 45 Sénèque est rappelé de l'exil par Claude, sur l'intervention d'Agrippine, la femme de celui-ci, qui le fait presque aussitôt élever à la fonction de préteur. Il devient en même temps le précepteur de Néron, le futur empereur, alors âgé de 11 ans. Devenu le conseiller de Néron à son avènement en 54, il s'élève aux plus hautes fonctions de l'Etat. Après avoir essayé pendant longtemps de concilier, tant bien que mal, ses principes philosophiques avec une activité politique, il se retire finalement pour se vouer exclusivement à ses études. A l'occasion d'une conspiration contre Néron, à laquelle Sénèque est, probablement à tort, accusé d'avoir participé, il se donne la mort sur l'ordre de l'empereur. Grâce à ses nombreux écrits, que ses contemporains s'arrachaient et qui étaient encore très lus à la Renaissance et au XVIIe siècle, le rayonnement de sa direction spirituelle est resté toujours vivant jusqu'à nos jours.

Ilsetraut Hadot

Notes

1. Cf. pour un bel exemple, B. H. Lévy, *Les Aventures de la Liberté*, Paris, 1991, p. 57 : “Il y a (chez Alain), c’est certain, toute une série de mots et de valeurs – la sagesse, la tempérance... – qui sont l’ordinaire de son discours, voire les articles de son programme et auxquels on ne peut songer, de nos jours, sans avoir envie de sourire. Mais il y a des choses moins démodées...”
2. Pour les citations des textes antiques sauf pour les deux Consolations de Sénèque, pour lesquelles j’utilise la traduction de C. Lazam, je me sers des traductions de la collection *Les Belles Lettres,* que j’ai quelquefois légèrement modifiées.
3. Cf. P. Hadot, *Exercices spirituels et Philosophie antique,* 2e édition, Paris 1987.
4. Cf. I. Hadot, *Arts libéraux et Philosophie dans la pensée antique,* Paris 1984.
5. Cf. Cicéron, *Correspondance,* t. VIII, texte établi, traduit et annoté par J. Beaulieu, Appendice I : Le sanctuaire de Tullia, p. 275-299 ; cf. P. Boyancé, « L’apothéose de Tullia », dans *Rev. des Et. anc.,* XLVI, 1944, p. 179-184 ; reprod. dans *Etudes sur l’humanisme cicéronien,* Bruxelles, 1970, p. 335-41.
6. Cf. I. Hadot, *Arts libéraux...*, p. 137 ss.
7. Cette Consolation est parue, excellemment préfacée par M. Fumaroli, dans la même collection *Rivages.*
8. P. Grimal, *Seneca,* Darmstadt 1978, p. 188 ss.

Consolation à Helvia, ma mère

I

1. Souvent, ma très bonne mère, j'ai éprouvé une vive envie de te consoler mais souvent, je l'ai contenue. Beaucoup de raisons m'incitaient à une telle audace. Tout d'abord, je croyais que je me déchargerais de tous mes malheurs quand, même sans pouvoir empêcher tes larmes de couler, je serais parvenu, ne serait-ce qu'un instant, à les essuyer ; ensuite, je ne doutais pas que je serais mieux fondé à te sortir de ton état si je m'étais, au préalable, redressé moi-même ; de plus, je redoutais que la Fortune, dont j'avais triomphé, ne triomphât de l'un des miens. C'est ainsi que je faisais de mon mieux, en refermant de ma main ma propre plaie, pour parvenir jusqu'à vous afin de panser vos blessures.

2. Mais inversement, il y avait des raisons de remettre à plus tard l'exécution de mon projet. Je savais qu'il ne fallait pas attaquer de front ta douleur tant qu'en sa nouveauté, elle ferait rage, de peur que mes consolations ne risquent précisément de l'exacerber et de l'attiser ; de même, quand on veut soigner le corps, rien n'est plus nocif qu'un traitement prématuré. Voilà pourquoi j'attendais que ta douleur s'affaiblisse toute seule et que, le temps l'ayant préparée en douceur à tolérer des remèdes, elle se laisse examiner

et traiter. De plus, en compulsant tous les ouvrages composés par les plus brillants esprits en vue de réfréner et de limiter les manifestations de la douleur, je ne trouvais pas d'exemple d'homme qui aurait conseillé les siens tout en étant lui-même l'objet de leurs pleurs.

3. Ainsi, étant donné la nouveauté de la situation, je tergiversais, craignant d'aggraver ton état au lieu de te consoler. Sans compter qu'il fallait des mots nouveaux, éloignés des formules toutes faites, à un homme qui relevait la tête de son bûcher pour consoler les siens ! Or l'ampleur d'une douleur hors du commun empêche toujours inévitablement de choisir ses mots car souvent, elle ne laisse même pas passer le son de la voix.

4. Mais je ferai de mon mieux, non que je fasse confiance à mon talent mais parce qu'il se peut qu'en étant moi-même le consolateur, je serve de consolation particulièrement efficace. Et moi à qui tu ne refuserais rien, tu ne vas pas me refuser, je l'espère, de me laisser au moins — même si un chagrin est toujours tenace — mettre un terme à ton regret de m'avoir perdu.

II

1. Vois combien j'ai compté sur ta bienveillance : je ne doute pas que j'aurai plus de pouvoir sur toi que ta douleur, alors que rien n'a plus de pouvoir sur les malheureux que leur douleur. Voilà pourquoi je ne me précipiterai pas pour en découdre avec elle, je commencerai par lui prêter assistance et lui donner de

quoi la raviver ; je mettrai à vif et je rouvrirai toutes les plaies déjà cicatrisées.

2. Mais quelqu'un m'objectera : « La belle consolation que de faire revivre des malheurs dont le souvenir s'était effacé et de placer en face de toutes ses épreuves une âme qui a déjà peine à en supporter une seule ! » Eh bien ! qu'il songe que lorsqu'un mal est assez pernicieux pour se développer en dépit des remèdes, on le soigne généralement grâce à des remèdes diamétralement opposés. Voilà pourquoi, en guise de traitement, je vais lui appliquer tous ses deuils, tous ses oripeaux de deuil ; pas de traitement en douceur mais la cautérisation et l'amputation. Pour quel résultat ? Que son âme, qui a surmonté tant de malheurs, rougisse d'avoir du mal à supporter une seule blessure de plus sur un corps cousu de cicatrices.

3. Je veux bien que pleurent et gémissent sans fin ceux dont les âmes délicates ont été ramollies par une longue période de chance et qu'ils vacillent sous les plus légères atteintes du malheur ; mais ceux dont toute l'existence a été une succession de catastrophes, doivent endurer les chocs, même les plus rudes, avec une fermeté digne et inébranlable. Le seul avantage qu'on puisse trouver à une continuelle infortune, c'est qu'elle finit par aguerrir ceux qu'elle n'a de cesse de tourmenter.

4. La Fortune ne t'a jamais mise à l'abri des deuils les plus éprouvants : elle n'a même pas fait une exception pour le jour de ta naissance. Tu perdis ta mère dès la naissance, je dirais même en naissant et, au seuil de la vie, tu fus d'une certaine manière aban-

donnée. Tu grandis sous l'autorité d'une belle-mère et c'est certainement grâce à toute ta soumission et à toute ta gentillesse, égales à celles qu'on peut observer chez une fille, que tu en fis une vraie mère ; cependant, même une bonne belle-mère, on l'obtient toujours au prix fort. Tu perdis, au moment où tu attendais son arrivée, ton oncle qui t'aimait tant — un homme d'une bonté et d'un courage exceptionnels — et de peur que la Fortune ne te rende sa cruauté plus légère en t'accordant un répit, trente jours ne s'étaient pas écoulés que tu dus ensevelir ton époux bien-aimé qui avait fait de toi la mère de trois enfants.

5. Tu étais en deuil quand ce nouveau deuil vint te frapper en l'absence de tous tes enfants, comme si tes malheurs s'étaient, par un fait exprès, concentrés sur cette période de façon à ce que ta douleur n'ait rien sur quoi se reposer. Je passe sur tous les dangers, toutes les peurs dont tu supportas les assauts sans discontinuer. Tout récemment, sur ce sein dont venaient de se détacher trois de tes petits-enfants, tu reçus les ossements de ces mêmes trois petits-enfants ; moins de vingt jours après que tu eus enseveli mon fils mort dans tes bras et sous tes baisers, tu appris que je t'avais été enlevé. Il ne t'avait manqué jusqu'alors que ceci : porter le deuil de vivants.

III

1. Mais la plus profonde de toutes les blessures qui jamais t'atteignirent dans ta chair, c'est la dernière, je le reconnais ; elle ne t'a pas seulement entaillé super-

ficiellement la peau, elle t'a transpercé le cœur et les entrailles. Mais alors que les jeunes recrues poussent des cris, même si leur blessure est légère, et redoutent plus la main du médecin qu'un coup d'épée, les vétérans, eux-mêmes criblés de blessures, supportent sans broncher et sans gémir de se faire désinfecter leurs plaies, comme s'il ne s'agissait pas de leur propre corps : comme ces derniers, tu dois te prêter courageusement à mon traitement.

2. Refuse donc les lamentations, les cris et autres habituelles manifestations bruyantes de la douleur féminine : tous tes malheurs ne t'ont servi à rien si tu n'as toujours pas appris à être malheureuse. Voit-on que je t'ai traitée sans ménagements ? Je ne t'ai rien soustrait de tes malheurs, je les ai tous entassés devant toi.

IV

1. Je l'ai fait hardiment car j'ai décidé de triompher de ta douleur et pas seulement de la circonscrire. Or je la vaincrai, à mon avis, tout d'abord, si je démontre qu'il n'y a rien dans ma situation qui justifie qu'on dise de moi que je suis malheureux et encore moins qui puisse rendre malheureux à mon sujet les gens de ma famille, et ensuite, si je me tourne vers toi et que je te prouve que ta Fortune, qui dépend entièrement de la mienne, n'est pas, elle non plus, insupportable.

2. J'en viendrai tout d'abord à ce que ton amour de mère brûle d'entendre : je ne souffre pas. Si je le peux, je montrerai clairement que la situation dont tu

crois qu'elle me pèse, n'est pas intolérable ; mais si je ne peux t'en convaincre, j'aurai au moins moi-même la satisfaction d'être heureux en des circonstances qui, d'habitude, rendent les gens malheureux.

3. Tu n'as pas à croire ce que les autres disent de moi ; moi-même, afin que tu ne te laisses pas troubler par des supputations hasardeuses, je t'informe que je ne suis pas malheureux. J'ajouterai, pour que tu sois plus rassurée, que je ne peux pas non plus devenir malheureux.

V

1. Nous sommes nés sous de bons auspices, encore faut-il ne pas tout gâcher. La Nature a fait en sorte que pour vivre bien, nous n'ayons pas besoin de grand-chose : chacun peut faire son propre bonheur. Les faits accidentels jouent un rôle négligeable et ne pèsent ni dans un sens ni dans l'autre. Les succès ne grandissent pas le sage, les revers ne l'abattent pas non plus car il travaille sans cesse à dépendre essentiellement de lui-même, à trouver en lui-même chacune de ses joies.

2. Mais quoi ? Suis-je en train de me présenter comme un sage ? Absolument pas, car à coup sûr, si j'étais en mesure de m'en targuer, je n'affirmerais pas seulement que je ne suis pas malheureux, je proclamerais que je suis le plus chanceux de tous les hommes et que je suis parvenu dans le voisinage de Dieu. En réalité — et cela suffit à apaiser tous mes malheurs — je me suis placé sous l'autorité des sages et, n'ayant

pas encore la force de me venir en aide à moi-même, j'ai trouvé refuge dans le camp d'autres gens — de ceux, évidemment, qui se protègent facilement eux-mêmes comme ils protègent leurs proches.

3. Ils m'ont ordonné de me tenir toujours aux aguets, comme posté en sentinelle, et de prévoir toutes les tentatives, tous les assauts de la Fortune bien avant qu'ils ne se déclarent. Elle est pesante pour ceux qui ne l'ont pas vue arriver ; mais on la supporte aisément si on est constamment sur ses gardes. De même, l'ennemi nous terrasse quand il fond sur nous par surprise, tandis que des soldats préparés longtemps à l'avance à la guerre à venir, bien postés et bien armés, soutiennent facilement le premier choc, qui est le plus violent.

4. Jamais pour ma part, je ne me suis fié à la Fortune, même quand elle prenait des airs pacifiques ; tous les avantages dont elle me comblait très généreusement — argent, honneur, influence — je les ai mis à un endroit d'où elle pouvait les reprendre sans que cela me gêne. J'ai maintenu une grande distance entre eux et moi ; ainsi, elle me les a pris, mais sans me faire violence. La mauvaise Fortune ne brise que celui que la bonne Fortune a aveuglé.

5. Ceux qui se sont attachés à ses présents comme s'ils leur appartenaient pour toujours, qui ont voulu en tirer avantage pour se faire admirer, sombrent dans la désolation quand ces amusements artificiels et éphémères trahissent leur esprit superficiel et puéril, ignorant de tout plaisir durable ; celui au contraire qui ne s'est pas monté la tête avec ses succès, ne se laisse pas davantage abattre si sa situation change. Quelle que

soit sa Fortune, il garde invaincu un esprit déjà connu pour sa rigueur car en pleine prospérité, il a expérimenté ce dont il était capable face à l'adversité.

6. Voilà pourquoi j'ai toujours considéré, pour ma part, qu'il n'y a pas de bien véritable dans les choses auxquelles tout le monde aspire ; je les ai, de plus, toujours trouvées vaines et maquillées de manière voyante et trompeuse sans rien à l'intérieur qui corresponde à leur apparence. Mais actuellement, dans ma situation soi-disant malheureuse, je ne trouve rien d'aussi effrayant et pénible que ce que laissait présager l'imagination du plus grand nombre. Certes le mot qui la désigne sonne jusqu'à maintenant assez désagréablement à l'oreille en vertu d'une opinion répandue et communément admise et ceux qui l'entendent le reçoivent comme un mot sinistre et détestable. Ainsi en a décrété la multitude ; mais les décrets de la multitude sont pour la plupart abrogés par les sages.

VI

1. Maintenant que nous avons écarté le jugement du plus grand nombre, qui se laisse influencer par les apparences et qui est prêt à croire n'importe quoi, examinons ce qu'est l'exil. Eh bien ! c'est un changement de lieu. Pour que tu ne croies pas que je cherche à en restreindre la portée et à en gommer les aspects négatifs, je suis prêt à reconnaître que ce changement de lieu s'accompagne de désagréments : la pauvreté, le déshonneur, la déconsidération. Je m'attaquerai à ces désagréments plus tard ; mais pour le moment, je veux

commencer par prendre en considération en quoi précisément ce changement de lieu est déplaisant.

2. « Etre privé de sa patrie est intolérable. » Mais voyons ! Regarde cette foule à qui suffisent à peine les toits de notre immense ville ; la majorité de ces gens sont privés de leur patrie. Ils sont venus de leur municipe, de leur colonie, bref de la terre entière pour tous se retrouver ici. Certains y furent attirés par l'ambition, d'autres par les obligations d'une charge publique, par une ambassade dont on les avait chargés, par la débauche à l'affût d'un lieu qui conviendrait à leurs vices et leur en offrirait à profusion, par le désir de faire des études supérieures ou encore par les spectacles ; les uns y furent entraînés par une amitié, d'autres par une énergie qui trouvait ici un vaste terrain pour montrer ce dont ils étaient capables ; certains vinrent y vendre leur beauté, d'autres leur éloquence.

3. Toutes sortes de gens se rassemblèrent dans cette ville qui accorde un grand prix tant aux vertus qu'aux vices. Fais répondre tous ces gens à l'appel de leur nom et demande à chacun d'entre eux d'où il est originaire : tu verras que la majorité d'entre eux ont quitté la terre de leurs ancêtres pour venir dans une ville qui est, sans nul doute, la plus grande et la plus belle qui soit mais qui n'est cependant pas la leur.

4. Et maintenant quitte cette cité dont on peut dire que d'une certaine façon, elle appartient à tout le monde et fais le tour de toutes les villes existantes : chacune comporte une grande proportion de population étrangère. Ne t'attarde pas dans celles qui par leur situation agréable et les commodités de leur région,

attirent beaucoup de monde ; parcours les déserts et les îles les plus arides — Skiathos et Seriphos, Gyaros et Cossyra : tu ne trouveras pas un seul lieu d'exil dans lequel il n'y aurait pas quelqu'un qui y séjourne pour son plaisir.

5. Que peut-on imaginer d'aussi dénudé, d'aussi escarpé que mon rocher ? Quoi de plus stérile au plan des ressources ? De plus inhospitalier au plan des hommes ? De plus hérissé de pics au plan topographique ? De plus excessif au plan climatique ? Pourtant il y réside plus d'étrangers que de natifs. Le changement de lieu est donc si peu pénible que même un endroit comme celui-ci a amené des gens à quitter leur patrie.

6. Je connais des gens qui affirment que l'esprit est naturellement doté d'un stimulant qui le pousse à changer de lieu de résidence et à élire un nouveau domicile : l'être humain a, en effet, reçu une âme mouvante et instable, qui ne se fixe nulle part, s'éparpille et disperse ses pensées sur toutes sortes de sujets connus ou inconnus, inconstante, rebelle à tout repos et prenant un très grand plaisir à la nouveauté.

7. Tu ne t'en étonneras pas si tu considères son origine première. Elle n'a pas été constituée à partir d'une matière terrestre et pesante, elle est issue de l'esprit qui règne dans les hauteurs célestes ; or, la nature des êtres célestes veut qu'ils soient toujours en mouvement, fugaces et très rapides dans leurs évolutions. Regarde les astres qui éclairent le ciel : aucun d'entre eux ne reste au même endroit. Le soleil glisse sans cesse, passe d'un lieu à l'autre et, bien qu'il accomplisse sa révolution dans le même temps que

l'univers, il rétrograde néanmoins dans le sens inverse de celui du ciel, il traverse tous les signes du zodiaque, jamais il ne s'arrête ; son mouvement et sa migration d'un lieu à un autre sont perpétuels.

8. Tous les astres déroulent leur cours et changent de lieu continuellement ainsi que l'a voulu l'inéluctable loi de la Nature, ils sont entraînés d'un lieu en un autre ; lorsqu'ils auront accompli leur révolution au terme d'un nombre d'années déterminé, ils suivront à nouveau le même cours. Comment penser, dès lors, que l'esprit humain, formé à partir des mêmes éléments que ceux qui constituent les êtres divins, supporte difficilement de voyager et d'émigrer, alors que la divinité trouve naturellement son plaisir ou sa préservation dans une mobilité incessante et effrénée.

VII

1. Abandonne maintenant les phénomènes célestes et reviens sur terre : tu verras que des nations et populations entières ont émigré. Comment expliquer autrement l'existence de villes grecques en plein pays barbare ? Ou que la langue macédonienne se parle chez les Indiens et les Perses ? La Scythie et toute cette contrée peuplée de tribus sauvages et indomptées montrent au visiteur des cités achéennes installées sur les rives du Pont ; ni les rigueurs d'un hiver perpétuel, ni le caractère des habitants, aussi âpre que leur climat, n'ont découragé des gens de venir s'y installer.

2. Il y a un nombre considérable d'Athéniens en

Asie ; Milet a fourni de quoi peupler soixante-quinze villes réparties en des lieux différents ; tout le flanc de l'Italie que baigne la Mer Inférieure fut la Grande Grèce. L'Asie revendique les Toscans ; des Tyriens habitent en Afrique, en Espagne des Carthaginois ; des Grecs se sont implantés en Gaule, des Gaulois en Grèce ; les Pyrénées n'ont pas empêché le passage des Germains.

3. La mobilité de l'homme s'est frayé un chemin dans des contrées inaccessibles et inconnues. Les hommes ont entraîné avec eux enfants, épouses et parents alourdis par l'âge. Certains, ballottés lors d'une longue errance, n'ont pas vraiment choisi un emplacement mais, épuisés, ils se sont établis au plus près ; d'autres se sont imposés par les armes sur des terres étrangères ; certains peuples, en route vers des contrées inconnues, furent engloutis par la mer, d'autres s'établirent là où les déposait leur total dénuement.

4. Et ils n'avaient pas tous la même raison de quitter leur patrie et d'en chercher une autre. Pour les uns, c'est la destruction de leur ville qui, lorsqu'ils avaient échappé aux armées ennemies, les chassa dans le pays d'autrui parce qu'ils avaient été spoliés du leur ; d'autres furent éloignés de chez eux par la guerre civile ; d'autres, c'est une surpopulation excessive qui les a fait partir afin de relâcher la pression démographique ; d'autres furent chassés de chez eux par une épidémie, par des tremblements de terre répétés ou par certains défauts intolérables d'un sol stérile ; d'autres enfin se laissèrent tenter par une région dont la réputation de fertilité était surfaite.

5. Des raisons diverses ont amené les gens à quitter leur demeure ; mais en tout cas, ce qui est clair c'est que rien n'est jamais demeuré là où il a pris naissance. Les allées et venues du genre humain sont incessantes ; chaque jour, il se produit un changement sur une Terre aussi vaste. On jette les fondations de nouvelles villes, des noms de nouvelles nations apparaissent tandis que de plus anciennes disparaissent ou se trouvent annexées par plus puissant qu'elles. Or que sont tous ces transferts de population sinon des exils à l'échelle d'un peuple ?

6. Mais pourquoi t'entraîné-je dans un développement aussi long ? Quel intérêt de citer tour à tour Anténor, le fondateur de Padoue et Evandre, qui établit un royaume Arcadien sur les rives du Tibre ? Ou encore Diomède et autres combattants que la guerre de Troie dissémina sur des terres étrangères, sans distinguer les vainqueurs des vaincus ?

7. N'est-il pas vrai que l'Empire romain reconnaît son fondateur en la personne d'un exilé que la nécessité et la crainte du vainqueur amenèrent, dans sa quête d'un lointain pays d'accueil, en Italie — il fuyait sa patrie tombée aux mains de l'ennemi et il emportait avec lui de pauvres reliques ? Et par la suite, combien de colons ce peuple a-t-il envoyés dans chaque province ! Partout où il est victorieux, le Romain s'installe. Pour ce genre de changement de lieu d'habitation, des gens se portaient volontaires et le vieillard abandonnait ses autels pour suivre les colons sur les mers.

8. Le sujet ne requiert certes pas plus ample énumération ; j'ajouterai pourtant un seul exemple qui

s'impose à mes regards. Cette île, où précisément je me trouve, a déjà souvent changé d'habitants. Sans insister sur des faits plus anciens qui se sont perdus dans la nuit des temps, les Grecs qui avaient quitté la Phocide (1) et qui aujourd'hui habitent Marseille, commencèrent par s'établir sur cette île d'où on ne sait pas exactement ce qui les a fait fuir, de la rudesse du climat, de la proximité d'une Italie toute-puissante ou de la nature inhospitalière de la côte ; car, de toute évidence, la barbarie des indigènes qu'ils côtoyaient ne fut pas en cause, pour la bonne raison qu'ils se fixèrent parmi des populations gauloises, qui étaient en ce temps-là particulièrement sauvages et incultes.

9. Par la suite, des Ligures y débarquèrent, des Espagnols également, comme en témoigne une similitude de coutumes : les Corses portent en effet les mêmes coiffes et le même genre de chaussures que les Cantabres et ils ont aussi certains mots en commun ; il faut dire que leur langue s'est dans son ensemble coupée de la langue mère au contact des Grecs et des Ligures. Ensuite, deux colonies de citoyens romains y furent amenées, l'une par Marius, l'autre par Sylla ; c'est dire combien de fois s'est transformée la population de ce rocher aride et broussailleux !

10. Enfin tu auras peine à trouver une seule terre qui soit jusqu'à maintenant habitée par sa population d'origine : ce ne sont que métissages et greffes successives. Les populations se sont succédé les unes aux autres ; tel a convoité ce que tel autre a dédaigné ; tel fut chassé de l'endroit d'où il avait expulsé tel autre. Telle est la volonté du destin : que rien ne bénéficie d'une Fortune éternellement stable.

VIII

1. Comme remède au changement de lieu à proprement parler, si on fait abstraction de tous les autres inconvénients qui sont liés à l'exil, Varron, le plus instruit des Romains, pense qu'il suffit de savoir que, quelle que soit notre destination, nous devons avoir partout affaire à la même Nature ; M. Brutus pense qu'il suffit de savoir que lorsqu'on part en exil, on peut emporter ses vertus avec soi.

2. Même si on considère qu'aucun de ces deux remèdes n'est, pris séparément, assez efficace pour consoler un exilé, on admettra que la conjugaison des deux est très convaincante. Ce que nous avons perdu est, en effet, bien peu de chose ! Deux biens, qui sont les plus merveilleux qui soient, nous suivront quel que soit le lieu où nous nous retrouverons : la Nature qui est universelle et la vertu qui nous est propre.

3. Il a été voulu, crois-moi, par celui qui a donné forme à l'univers, quel qu'il soit — Dieu tout-puissant, principe rationnel immatériel et artisan d'œuvres gigantesques, souffle divin répandu avec une égale intensité en toutes choses, de la plus grande à la plus petite, ou enchaînement fatal et inaltérable de causes reliées les unes aux autres — il a été, dis-je, voulu que seules nos possessions sans valeur soient à la merci d'autrui.

4. Tout ce que l'homme possède de meilleur échappe à toute emprise humaine et ne peut être ni donné ni volé. Ce ciel, qui est ce que la Nature a engendré de plus grand et de plus beau, et l'âme,

contemplatrice admirative du ciel et en même temps sa plus noble parcelle, nous appartiennent en propre, sont éternels et resteront avec nous aussi longtemps que nous-mêmes continuerons à exister.

5. Ainsi, pleins d'entrain et la tête haute, hâtons-nous d'un pas alerte là où nous portent les circonstances, parcourons tous les pays du monde ! Il ne saurait y avoir d'exil sous le firmament car rien n'y est étranger à l'homme. D'où que provienne le regard qui se pose sur le ciel, la distance est partout la même entre le domaine du divin et celui de l'humain.

6. Par conséquent, pourvu que mes yeux ne soient pas privés de ce spectacle dont jamais ils ne se lassent, pourvu que je puisse à loisir contempler le soleil et la lune, que je puisse fixer mon regard sur tous les autres astres, que je puisse suivre des yeux leur lever, leur coucher, calculer leurs distances et chercher les raisons d'un cours tantôt plus rapide, tantôt plus lent, observer toutes ces étoiles qui brillent dans la nuit — certaines sont immobiles, d'autres accomplissent leur révolution sans sortir d'un espace restreint et sans jamais varier leur cours, les unes jaillissent tout à coup, d'autres aveuglent le regard d'un jet de feu comme si elles tombaient ou alors elles évoluent en laissant derrière elles une longue traînée lumineuse — pourvu que je continue à jouir de ces spectacles et que je me mêle — pour autant que ce soit permis à un humain — au monde céleste, pourvu que je maintienne toujours dans ces hauteurs mon âme qui aspire à voir ce qui lui est apparenté, que m'importe quel sol je foule ?

IX

1. « Mais, diras-tu, cette terre ne donne pas d'arbres fruitiers ni d'arbres d'agrément ; elle n'est pas irriguée par des rivières au lit large et navigable ; il n'y pousse rien que recherchent les autres peuples, à peine produit-elle de quoi assurer la subsistance de ses habitants ; on n'y taille pas de pierres précieuses, on n'y exploite pas de filons d'or ou d'argent. »

2. Mais il est étroit l'esprit qui se complaît dans les biens matériels : il faut l'orienter vers les biens qui se voient partout pareillement, qui resplendissent partout pareillement. Et il faut songer que les biens matériels font obstacle aux véritables biens à cause de croyances fausses et erronées. Plus on prolongera ses portiques, plus on élèvera ses tours, plus on agrandira ses propriétés, plus on creusera ses grottes d'été, plus on surélèvera ses plafonds de salle à manger, plus on se masquera le ciel.

3. Le sort t'a fait échouer dans une région dont le plus somptueux abri est une cabane ? Tu as en vérité l'âme bien petite et elle a des consolations bien mesquines si tu supportes cette situation parce que tu y as reconnu la cabane de Romulus. Dis plutôt : « Ce modeste abri accueille bien les vertus, n'est-ce pas ? Il sera plus beau que tous les temples du monde dès qu'on y verra la justice, la tempérance, la sagesse, la bonté, la conscience de tous les devoirs à observer correctement, la connaissance des choses humaines et divines. Nul emplacement qui renferme de si grandes vertus en une telle abondance, n'est étroit ; aucun exil dans lequel on peut se rendre en telle compagnie, n'est pénible. »

4. Brutus raconte dans le livre qu'il composa sur la vertu, qu'il vit Marcellus (2), en exil à Mytilène, vivre très heureux — autant du moins que le permet la nature de l'homme — et plus attaché que jamais à une vie vertueuse. Et c'est ainsi, ajoute-t-il, qu'il eut davantage l'impression, en rentrant sans lui, de partir lui-même en exil que de le laisser, lui, en exil.

5. Marcellus ! Plus comblé par la Fortune le jour où son exil lui valut les félicitations de Brutus que celui où sa charge de consul lui valut celles de l'Etat ! Il fallait que cet homme fût grand pour procurer à quelqu'un la sensation d'être exilé parce qu'il se séparait d'un exilé ! Il fallait que cet homme fût grand pour forcer l'admiration de quelqu'un que même son cher ami Caton admirait !

6. C'est aussi Brutus qui raconte que Caius César évita de faire escale à Mytilène parce qu'il ne supportait pas de voir la déchéance de ce grand homme. Et c'est un fait que le Sénat obtint son retour en montrant dans ses requêtes officielles tellement d'inquiétude et de tristesse que tous les sénateurs donnaient l'impression d'avoir, ce jour-là, le même état d'esprit que Brutus et d'intercéder non pour Marcellus mais pour eux-mêmes, craignant d'être, eux, les exilés si on les privait de sa présence ; mais son succès fut plus éclatant le jour où Brutus se sentit incapable de le laisser dans son exil et César de venir le voir dans son exil. Quelle chance, en effet, pour lui que ce double témoignage : Brutus souffrant et César rougissant de rentrer sans Marcellus.

7. Mettrais-tu en doute que Marcellus, ce grand homme, ne se soit souvent encouragé lui-même en ces

termes à supporter de bonne grâce son exil : « Etre privé de ta patrie n'est pas un malheur. Tu t'es suffisamment nourri de philosophie pour savoir qu'aux yeux du sage n'importe quel lieu est une patrie. De plus, celui qui t'a banni ne fut-il pas lui-même privé de sa patrie durant dix ans d'affilée ? C'était, bien sûr, pour étendre l'Empire ; il n'empêche qu'il en fut bel et bien privé.

8. Le voici maintenant sollicité par l'Afrique où gronde la menace d'une reprise de la guerre, par l'Espagne (3) qui ranime des factions qui avaient été brisées et anéanties, par la déloyale Egypte, bref par le monde entier qui guette le moindre signe de dislocation de l'Empire. A quoi s'attaquera-t-il en premier ? A quelle partie du monde s'en prendra-t-il ? Ses victoires lui feront parcourir le monde entier. Les nations peuvent bien l'admirer et le vénérer mais en ce qui te concerne, contente-toi d'avoir Brutus pour admirateur ! »

X

1. Ainsi Marcellus supporta bien son exil et ce changement de lieu n'a rien changé à son âme, bien qu'il se doublât de pauvreté. Et il n'y a pas de mal à être pauvre, tout le monde le sait, à condition toutefois de ne pas être envahi par ces défauts complètement destructeurs que sont la convoitise et le goût du luxe. Comme il suffit de peu de choses pour subvenir aux besoins de l'homme ! Et comment pourrait-on manquer de ce peu de choses si on a du mérite ?

2. En ce qui me concerne, je sais bien que j'ai

perdu non pas mes richesses mais mes tracasseries. Les exigences du corps sont limitées. Ce qu'il veut, c'est qu'on lui évite le froid et qu'on apaise avec des aliments sa faim et sa soif ; toute aspiration d'une autre nature est dictée par nos vices, non par nos besoins. Il n'est pas nécessaire de sonder chaque océan ni de faire un carnage d'animaux pour nous alourdir l'estomac, ni d'aller ramasser des coquillages sur la côte inexplorée d'une mer reculée ; puisse la malédiction des dieux et des déesses s'abattre sur ceux que leurs goûts de luxe entraînent hors des frontières d'un Empire si jalousé !

3. Ils veulent qu'on traverse le Phase pour attraper de quoi fournir des ingrédients à leur prétentieuse cuisine et ils n'ont pas honte d'aller chercher leurs volatiles chez les Parthes dont nous n'avons toujours pas obtenu réparation (4). Ils font convoyer de partout toutes sortes de produits — connus ou inconnus — pour leur palais blasé ; ce que leur estomac abîmé par les raffinements culinaires, ne digère qu'avec peine, leur est apporté depuis les régions reculées de l'océan ; ils vomissent pour manger, mangent pour vomir et ne daignent pas digérer les mets qu'ils vont chercher dans le monde entier. Mais si on méprise ce genre de choses, qu'a-t-on à craindre de la pauvreté ? Quant à celui qui les recherche, la pauvreté peut aussi lui être utile : il guérit malgré lui et si, même sous la contrainte, il n'accepte pas de se faire soigner, tant qu'il ne peut pas se procurer tout cela, c'est comme s'il ne voulait pas se le procurer.

4. Caius César (5), auquel la Nature me paraît avoir donné le jour pour montrer jusqu'où peut aller le

comble du vice au comble de la Fortune, dîna en un seul jour pour dix millions de sesterces et malgré le concours de tous les talents mis à son service, il éprouva des difficultés à trouver le moyen de transformer en un seul dîner l'impôt levé sur trois provinces.

5. Malheur à ceux dont le palais ne frémit que sous des nourritures coûteuses ! Or ce n'est pas le caractère exceptionnel de leur saveur ni le plaisir qu'elles peuvent procurer quand on les avale, qui les rend coûteuses : c'est leur rareté et la difficulté de se les procurer. Autrement, si ces gens voulaient revenir à la raison, quelle serait l'utilité de tous ces métiers au service de l'estomac ? A quoi bon tout ce commerce ? A quoi bon dévaster les forêts ? Sonder les océans ? Partout on trouve les aliments que la Nature a disposés en tous lieux mais ces gens passent à côté comme des aveugles et ils parcourent tous ces pays, ils écument les mers et, alors qu'ils pourraient, à peu de frais, apaiser leur faim, ils l'aiguisent à grands frais.

6. On a envie de dire : « Mais pourquoi mettez-vous à flot des bateaux ? Pourquoi armez-vous vos bras contre les bêtes sauvages comme vous le faites contre les hommes ? Pourquoi vous agitez-vous ainsi dans tous les sens ? Pourquoi accumulez-vous richesses sur richesses ? Ne voulez-vous pas songer aux capacités limitées de votre corps ? N'y a-t-il pas folie et égarement extrême à avoir des désirs aussi démesurés quand on a de si faibles capacités d'absorption ? Aussi vous aurez beau augmenter vos revenus, jamais vous n'élargirez votre corps. Quand bien même le négoce vous réussirait et la guerre vous rapporterait beaucoup, quand bien même vous verriez

affluer des nourritures partout traquées, vous n'auriez pas de lieu où stocker toutes ces provisions.

7. Pourquoi chercher à accumuler de telles quantités ? A croire que nos ancêtres, dont le mérite résiste toujours à nos vices, étaient malheureux, eux qui se préparaient eux-mêmes leur nourriture, dont le sol leur servait de lit, dont les plafonds n'étincelaient pas encore de dorures, dont les temples ne resplendissaient pas encore de pierres précieuses ! C'est ainsi qu'en ce temps-là, on prêtait serment solennellement sur des dieux d'argile ; mais ceux qui les avaient invoqués retournaient mourir chez l'ennemi plutôt que de manquer à leur parole (6).

8. A croire que notre dictateur (7), qui écouta les envoyés des Samnites tout en retournant lui-même sur le feu sa bien modeste pitance de cette main avec laquelle il avait déjà transpercé plus d'un ennemi et qui lui avait servi à déposer sa couronne de laurier sur les genoux de Jupiter Capitolin, vivait moins heureux que ne vécut, de notre temps, Apicius qui, dans la ville d'où furent autrefois sommés de partir des philosophes sous prétexte qu'ils corrompaient la jeunesse, corrompit par son enseignement toute une génération à laquelle il avait professé son savoir culinaire ! »

9. Sa fin mérite d'être connue. Après avoir englouti cent millions de sesterces dans sa cuisine, après avoir englouti nombre de dons impériaux ainsi que l'imposante redevance du Capitole en une succession d'orgies, écrasé de dettes, il fut pour la première fois contraint d'examiner ses comptes. Il calcula qu'il lui resterait dix millions de sesterces et considérant que vivre avec dix millions de sesterces signifierait pour

lui connaître la pire des famines, il mit par le poison un terme à sa vie.

10. Quel luxe que celui au regard duquel dix millions de sesterces signifiaient la pauvreté ! Comment penser dès lors que ce qui compte, c'est la valeur pécuniaire et non la valeur morale ? Il s'est trouvé un homme pour redouter plus que tout de posséder dix millions de sesterces et pour fuir par le poison ce que d'autres appellent de leurs vœux ! Mais des poisons, il en mangeait et en buvait lorsque précisément, dans des banquets sans fin, il ne trouvait pas seulement le plaisir mais la gloire, lorsqu'il faisait étalage de ses vices, lorsqu'il convertissait la cité à ses goûts de luxe, lorsqu'il incitait à l'imiter une jeunesse par nature influençable, même en l'absence de mauvais exemples.

11. Voilà ce qui arrive à ceux qui évaluent la richesse non à l'aune de la raison, dont les limites sont fixées, mais à celle d'un usage perverti, dont les caprices sont infinis et illimités. La convoitise n'a jamais assez tandis que pour la Nature, pas assez c'est encore assez. Ainsi la pauvreté de l'exilé ne comporte aucun inconvénient : aucun lieu d'exil n'est assez démuni pour ne pas produire largement de quoi nourrir un être humain.

XI

1. « Mais, diras-tu, l'exilé va forcément regretter ses habits et sa maison. » Mais cela aussi, il ne le désirera qu'en fonction de ses besoins : il trouvera tou-

jours de quoi s'abriter et se couvrir ; en effet, il suffit d'aussi peu de choses pour protéger le corps que pour le nourrir. Il n'est rien que la Nature ait rendu nécessaire à l'être humain et qu'elle lui ait en même temps rendu difficile à acquérir.

2. Oui, mais il regrette sa pourpre richement teinte, brodée d'or et nuancée par des coloris et motifs variés : mais s'il est pauvre, ce n'est pas de la faute de la Fortune mais de la sienne. Même si on lui rend tout ce qu'il a perdu, cela ne servira à rien car si on le lui rend, il souffrira davantage d'être privé de ce qu'il désire que, en tant qu'exilé, il ne souffrit d'être privé de ce qu'il possédait auparavant.

3. Oui, mais il regrette son mobilier sur lequel étincellent des vases en or, son argenterie signée par de célèbres artisans d'autrefois, ses bronzes dont la folie d'une poignée d'amateurs fait tout le prix et sa cohorte d'esclaves, capable de rendre exiguë la demeure la plus spacieuse, ses bêtes de somme gavées et engraissées de force, ses marbres de toutes origines ; mais même si on les lui rassemble, jamais ils ne satisferont son âme insatiable, pas plus qu'aucune boisson ne suffira à désaltérer celui dont le désir provient non d'un manque mais d'une fièvre qui le brûle intérieurement : ce n'est pas de la soif, c'est une maladie.

4. Et cela ne se produit pas seulement à propos de l'argent ou des aliments. Le même phénomène caractérise tout désir, tant qu'il ne provient pas d'un manque mais d'un vice : tout ce qu'on lui aura rassemblé, loin de mettre fin à son envie, fera faire au contraire un pas de plus à cette envie. Voilà pourquoi

celui qui se sera contenu à l'intérieur des limites de la Nature, ne sentira pas la pauvreté ; celui, au contraire, qui sortira des limites de la Nature, sera poursuivi par la pauvreté, même s'il croule sous l'opulence. Un lieu d'exil pourvoit au nécessaire, un royaume ne pourvoit pas au superflu.

5. C'est par notre âme que nous sommes riches ; celle-ci nous suit dans notre exil et au cœur des plus âpres solitudes ; une fois qu'elle a trouvé de quoi nourrir le corps, elle-même jouit de tous ses biens dont elle abonde. L'argent ne concerne en rien l'âme, pas plus qu'il ne concerne les dieux immortels.

6. Toutes ces choses qu'admirent les esprits ignorants et trop esclaves de leur corps — marbres, or, argenterie et grands plateaux de table bien polissées — sont des masses de matière que ne peut aimer une âme pure et consciente de sa nature originelle, elle-même légère, libre de toute entrave et prête, dès qu'on l'aura laissée s'échapper, à s'élancer au plus haut des cieux ; en attendant, pour autant que le lui permettent les obstacles corporels et sa pesante enveloppe, elle parcourt l'espace divin de sa pensée rapide et agile.

7. Et de ce fait, elle ne peut jamais être exilée car elle est libre, apparentée aux dieux et participe de l'infini dans l'espace et dans le temps ; sa pensée, en effet, parcourt la totalité du ciel, elle se déploie dans la totalité du passé et du futur. Ce misérable corps, prison et chaîne de l'âme, est malmené de-ci de-là ; c'est sur lui que pèsent les châtiments, les agressions, les maladies. Mais ce qui est certain, c'est que l'âme est, quant à elle, sacrée et éternelle et que nul ne peut mettre la main sur elle.

XII

1. Mais pour que tu ne penses pas que je n'ai recours aux préceptes des sages qu'afin de minimiser les inconvénients d'une pauvreté qu'on ne ressent comme pénible que si on la croit pénible, observe tout d'abord combien la majorité des pauvres ne te paraîtront absolument pas plus moroses ni plus soucieux que les riches ; je me demande même s'ils ne sont pas d'autant plus gais qu'un moindre nombre de soucis leur occupent l'esprit.

2. Ne parlons pas des fortunes qui ne sont guère éloignées de la pauvreté ; intéressons-nous aux milliardaires. On ne compte pas les circonstances où on dirait des pauvres ! Quand ils voyagent, ils réduisent le nombre de leurs bagages et chaque fois que les contraintes du voyage exigent qu'ils se dépêchent, ils se défont de leur escorte. Quand ils sont à l'armée, quelle proportion de leurs biens gardent-ils avec eux, vu que le règlement des camps interdit le moindre luxe ?

3. Et ce ne sont pas seulement des facteurs temporels ou géographiques qui les mettent, dans leur manque, au niveau des pauvres : ils choisissent certains jours, lorsque les saisit le dégoût de leur richesse, pour prendre leur repas par terre et préférer à leur or et à leur argent des couverts en terre ! Les insensés ! Ils passent leur temps à redouter ce que parfois, ils désirent plus que tout. Oh ! quel aveuglement mental, quelle ignorance de la vérité obscurcissent la vue de ces gens obsédés par la hantise d'une pauvreté qu'ils simulent pour le plaisir !

4. Pour ma part, chaque fois que je me tourne vers

les modèles du passé, j'ai honte de chercher à me consoler de ma pauvreté vu qu'à notre époque, le luxe a pris de telles proportions que les exilés peuvent emporter pour le voyage plus d'argent que n'en comportait autrefois le patrimoine des citoyens les plus en vue. Homère eut un seul esclave, Platon en eut trois et Zénon, qui fut à l'origine de la philosophie exigeante et virile des Stoïciens, n'en eut aucun : cela est bien connu. Quelqu'un prétendra-t-il qu'ils ont vécu dans le malheur, sans lui-même paraître, pour l'avoir dit, le plus à plaindre des hommes ?

5. Menenius Agrippa, qui fut médiateur lors de la réconciliation officielle entre les patriciens et la plèbe, fut enterré grâce à une souscription publique. Atilius Regulus, tandis qu'il mettait en déroute les Carthaginois en Afrique, écrivit au Sénat que son ouvrier agricole était parti en laissant ses terres à l'abandon et le Sénat décida que l'Etat ferait le nécessaire tant que durerait l'absence de Regulus. Le fait qu'il n'ait pas d'esclave avait-il un tel prix qu'il méritât d'avoir le peuple romain pour fermier ?

6. Les filles de Scipion reçurent leur dot du Trésor Public car leur père ne leur avait rien laissé. Et ma foi, il était juste que le peuple romain verse pour une fois une contribution à Scipion alors que ce dernier ne cessait d'en exiger de Carthage. Bienheureux les époux de ces jeunes femmes, auxquels le peuple romain tenait lieu de beau-père ! Crois-tu que ceux dont les poupées se marient avec une dot d'un million de sesterces soient plus heureux que Scipion, dont les enfants reçurent du Sénat, leur tuteur, un certain poids en cuivre en guise de dot ?

7. Quelqu'un peut-il dédaigner une pauvreté qui a de tels titres de noblesse ? Un exilé peut-il trouver indigne de manquer de quoi que ce soit, alors que Scipion se retrouva sans dot, Regulus sans ouvrier agricole et Menenius sans funérailles, alors qu'on suppléa à ce dont manquait chacun d'entre eux d'autant plus honorablement qu'ils en avaient manqué ? Ainsi, avec de tels représentants, la pauvreté n'est pas seulement en sûreté, elle est bien vue.

XIII

1. On peut me faire l'objection suivante : « Pourquoi sépares-tu artificiellement ces choses qui, si elles sont supportables individuellement, ne le sont pas quand elles sont conjuguées ? Un changement de lieu est tolérable à condition qu'en soit exclu le déshonneur qui suffit habituellement à lui seul à accabler une âme. »

2. En réponse à cet homme, quel qu'il soit, qui cherchera à me faire peur avec cette accumulation de maux, il me faudra tenir le langage que voici : « Si tu as la force de résister à une seule composante, quelle qu'elle soit, de ton infortune, tu auras également la force de lui résister globalement. Dès lors que la vertu t'a endurci l'âme, elle en garantit la totale invulnérabilité. Si la convoitise, qui est le pire fléau du genre humain, l'a laissée échapper, l'ambition n'aura pas prise sur toi ; si tu considères ta dernière heure non comme un châtiment mais comme une loi naturelle, dans ce cœur dont tu auras expulsé la peur de la mort, aucune autre crainte n'osera pénétrer.

3. Si tu songes que le désir sexuel n'a pas été

donné à l'être humain pour son plaisir mais pour propager l'espèce et si ce fléau secret et enfoui au plus profond de toi-même ne t'a pas imposé sa loi, toute autre passion t'épargnera ses effets. La raison décapite les vices non pas un par un mais tous en même temps : la victoire est remportée une fois pour toutes. »

4. Penses-tu que le déshonneur puisse atteindre un sage qui dépend de lui-même en toutes choses et s'est détaché du jugement de la foule ? Une mort dans le déshonneur est bien pire que le déshonneur. Pourtant Socrate avait sur le visage la même expression que le jour où il avait remis à leur place les Trente tyrans, quand il entra dans sa prison dont il allait effacer le caractère déshonorant : en effet, une prison dans laquelle se trouvait Socrate ne pouvait pas ressembler à une prison.

5. Qui fut assez privé de discernement pour juger comme un déshonneur le double échec de Marcus Caton lors de sa candidature à la préture et au consulat ? Le déshonneur retomba sur la préture et le consulat auxquels c'était Caton qui faisait honneur.

6. On n'est jamais méprisé par autrui que si on commence par se mépriser soi-même. Qu'une âme basse et avilie soit sensible à ce genre d'affront, soit ; mais celui qui fait front contre les épreuves les plus cruelles et qui balaie les maux qui font plier d'autres gens, s'attire le respect précisément par ses malheurs, car nous avons été ainsi faits que rien ne mobilise en nous autant d'admiration qu'un homme courageux dans son malheur.

7. A Athènes, on conduisait au supplice Aristide, et tous les gens qui le croisaient baissaient les yeux et

gémissaient, sentant qu'on s'attaquait là non pas à un homme juste mais à la justice même ; il se trouva pourtant quelqu'un pour lui cracher au visage. Il aurait pu être affecté parce qu'il savait qu'aucun homme à la bouche pure n'aurait osé le faire. Mais non : il se nettoya le visage et dit en souriant au magistrat qui l'accompagnait : « Demande à cet individu de ne pas bâiller aussi malencontreusement la prochaine fois. » C'était rendre affront pour affront.

8. Je sais que certains disent que rien n'est plus pénible à supporter que le mépris et que la mort leur paraît préférable. A ces gens je répondrai que souvent, l'exil échappe, lui aussi, à tout mépris. Si un grand homme tombe, c'est un grand homme qui est à terre et je dirai qu'on ne le méprise pas plus qu'on ne piétine les ruines d'un temple consacré que les personnes pieuses révèrent tout autant que si les murs étaient encore debout.

XIV

1. Puisque, de mon fait, rien ne te donne de raison, ma très chère mère, de te noyer dans des larmes sans fin, il s'ensuit que tu es tourmentée par des motifs qui te sont personnels. Or j'en vois deux : si tu es chagrinée c'est soit parce que tu as l'impression d'avoir perdu un appui, soit parce que tu ne peux supporter mon absence en soi.

2. Il me faut passer rapidement sur la première hypothèse car je sais que ton âme n'aime chez les siens que leur propre personne. Elles peuvent le

constater, ces mères qui, parce qu'en tant que femmes, elles ne peuvent pas exercer d'influence, mettent à contribution le crédit de leurs fils, qui, parce qu'il n'est pas permis aux femmes de remplir des fonctions honorifiques, recherchent ces honneurs par leur intermédiaire, qui dilapident et détournent l'héritage de leurs fils, qui usent leur éloquence à la mettre à la disposition des autres.

3. Toi au contraire, tu t'es pleinement réjouie de la réussite de tes enfants mais tu ne t'en es pas du tout servie ; toi, tu as toujours fixé des limites à notre générosité sans jamais en fixer à la tienne ; toi, malgré ton statut de fille de famille (8), tu as par toi-même contribué à l'enrichissement de tes fils ; toi, tu as géré nos patrimoines en te donnant autant de mal que s'ils avaient été les tiens, avec autant de désintéressement que s'ils avaient été à des étrangers ; toi, tu as usé aussi parcimonieusement de notre crédit que s'il s'agissait de biens appartenant à des étrangers et nos fonctions honorifiques ne t'ont concernée que par le plaisir qu'elles t'apportaient et les dépenses qu'elles t'occasionnaient. Jamais ta tendresse ne s'est souciée de tes intérêts ; tu ne peux donc pas regretter en la personne de ton fils qui t'a été enlevé, des avantages dont tu n'as jamais considéré qu'ils te concernaient, du temps où il avait la jouissance de tous ses droits.

XV

1. Je dois orienter toute ma consolation vers où prend son origine la véritable essence de ta douleur de

mère : « Me voici privée des embrassements de mon fils bien-aimé ; je ne peux plus avoir le bonheur de le voir, de l'entendre ! Où est celui dont la vue suffisait à effacer la tristesse sur mon visage, celui sur qui je me déchargeais de tous mes soucis ? Où sont passées ces conversations dont je ne me lassais pas ? Ces études auxquelles je prenais ma part avec un plaisir inconnu à une épouse, dans une intimité inconnue à une mère ? Où est passée cette merveilleuse complicité ? Et cette gaieté d'enfant toujours renouvelée à la vue de sa mère ? »

2. Tu ajoutes à cela le spectacle des lieux mêmes de nos joyeuses rencontres et tout ce qui te rappelle les derniers temps de notre intimité et qui est naturellement si propice à tourmenter l'âme. En effet, la Fortune s'est également montrée cruelle à ton égard en s'arrangeant pour que tu sois partie l'esprit tranquille et sans rien redouter de tel, deux jours avant que le sort ne s'abatte sur moi.

3. Heureusement que nous avions vécu à une longue distance l'un de l'autre, heureusement que quelques années d'absence t'avaient préparée à ce malheur. Quand tu es revenue, ce n'était pas pour profiter de la présence de ton fils, c'était pour perdre l'habitude de regretter son absence. Si tu m'avais quitté bien avant, tu aurais supporté plus vaillamment la situation car le temps atténue les effets d'une absence ; si tu n'étais pas partie, tu en aurais recueilli l'ultime avantage de voir ton fils deux jours de plus. Il n'en fut rien : le Destin voulut dans sa cruauté que tu ne prennes pas ta part de mon infortune sans que tu te sois pour autant habituée à mon absence.

4. Mais plus ces épreuves sont pénibles, plus tu dois faire preuve de courage et plus tu dois redoubler de combativité comme contre un ennemi que l'on connaît et que l'on a déjà vaincu à plusieurs reprises. Ton corps, qui maintenant saigne, n'avait pas été épargné par les coups ; ce sont tes anciennes cicatrices qui ont été rouvertes.

XVI

1. Ne va pas te retrancher derrière ta qualité de femme : à peine te concède-t-elle le droit de verser autant de larmes que tu veux, mais pas jusqu'à la fin des temps ; nos ancêtres ont accordé aux femmes une durée de dix mois pour porter le deuil de leur époux afin de composer avec la persistance du chagrin chez les femmes, par une réglementation officielle. Ils n'ont pas interdit le deuil, ils lui ont fixé des limites : être affecté, en effet, d'une douleur interminable quand on a perdu un être particulièrement cher, c'est faire preuve d'une sotte complaisance et n'être affecté d'aucune douleur, c'est faire preuve d'une inhumaine sécheresse de cœur. La meilleure façon de concilier cœur et raison, c'est d'éprouver le regret de l'être aimé tout en cherchant à l'étouffer.

2. Ne va pas orienter tes regards vers certaines femmes dont le chagrin, depuis l'instant où il prit naissance, ne s'acheva qu'avec la mort (tu en connais qui ne quittèrent jamais les habits de deuil revêtus à la disparition de leur fils). La vie que tu as débutée avec tant de courage exige de toi davantage ; être une

femme ne peut servir d'excuse à qui n'a jamais eu aucun des défauts propres aux femmes.

3. Le plus gros défaut de ta génération, l'indécence, ne t'a pas classée dans la majorité : ni les pierres précieuses ni les perles ne surent te troubler, la richesse ne t'impressionna pas comme étant le bien le plus précieux du genre humain ; bien éduquée au sein d'une famille ancienne et stricte, tu n'as pas été déformée par les mauvais exemples qui sont dangereux même pour les honnêtes gens ; jamais tu n'as eu honte de ta fécondité sous le prétexte qu'elle dévoilerait ton âge ; jamais, contrairement aux femmes qui se recommandent de leur seule beauté, tu n'as caché tes rondeurs de femme enceinte comme s'il s'agissait d'un fardeau indécent et tu n'as jamais fait avorter de promesses d'enfants conçus dans tes entrailles.

4. Tu n'as pas souillé ton visage avec du maquillage ou autres artifices, tu n'as jamais aimé porter un vêtement qui dévoile, quand il est mis, autant de nudité que lorsqu'on l'enlève. La pudeur t'est apparue comme un ornement sans égal, comme la beauté suprême à l'abri des atteintes du temps, comme la plus grande parure qui soit.

5. Tu ne peux donc pas, pour t'agripper à ta douleur, invoquer ta qualité de femme à l'écart de laquelle t'ont maintenue tes vertus ; tu dois te tenir autant à l'écart des larmes des femmes que de leurs défauts. Ce sont les femmes elles-mêmes qui ne te laisseront pas succomber à ta blessure : elles te demanderont de te défaire rapidement de cette douleur inévitable et de te reprendre, le cœur moins lourd, à condition toutefois que tu acceptes de regarder du côté

de celles qu'un courage exceptionnel a placées sur le même rang que nos grands hommes.

6. La Fortune avait réduit de douze à deux le nombre des enfants de Cornelia ; si on voulait compter les morts, il y en avait dix mais si on voulait estimer ces morts à leur importance, il n'y en avait que deux : les Gracques. Cependant à ceux qui l'entouraient en pleurant et qui maudissaient son destin, elle interdit d'accuser la Fortune qui lui avait donné pour fils les Gracques. Il est normal qu'une telle femme ait donné naissance à celui qui devait proclamer en pleine assemblée : « Oserais-tu insulter la mère qui m'a donné le jour ? » Mais à mon avis, la phrase de la mère a beaucoup plus de panache : le fils estima très haut la naissance des Gracques, la mère estima tout aussi haut leur mort.

7. Rutilia suivit son fils Cotta en exil ; elle lui était si attachée qu'elle préféra supporter l'exil plutôt que l'absence de son fils et elle ne rentra pas dans sa patrie avant de pouvoir le faire, accompagnée de son fils. Mais quand il fut rentré et qu'il fut couvert de succès politiques, il mourut : elle montra alors autant de courage que lorsqu'elle l'avait suivi et après l'enterrement de son fils, personne ne la vit pleurer. Quand son fils fut exilé, elle montra son courage, quand elle le perdit, elle montra sa sagesse : rien ne la détourna de son amour maternel, rien ne la confina non plus dans une affliction inutile et stupide. C'est au nombre de ces femmes-là que je veux te voir comptée. Tu as toujours pris modèle sur leur vie : en contenant et en comprimant ton chagrin, tu trouveras une excellente façon de suivre leur exemple.

XVII

1. Je sais que la solution ne dépend pas entièrement de nous et que nul sentiment ne connaît de maître absolu, et moins que tout autre, celui qui naît d'une douleur : il est opiniâtre et rebelle à tout remède. Nous voulons parfois l'enterrer et ravaler nos gémissements ; et pourtant, nos larmes coulent sur notre visage malgré nos efforts pour nous composer un masque. Parfois, nous nous occupons l'esprit avec des jeux ou des combats de gladiateurs ; mais en plein milieu de ces spectacles qui le distraient, le moindre indice qui lui rappelle l'être absent, le terrasse.

2. Mieux vaut donc vaincre un tel sentiment que de ruser avec lui : celui dont on s'est joué et qu'on a cherché à détourner par des plaisirs ou des occupations, se réveille et trouve justement dans ce temps de répit un nouveau tremplin pour de futurs déchaînements. Tandis qu'un sentiment qui a cédé à la raison, est apaisé pour toujours. Je ne vais donc pas te prescrire les moyens auxquels je sais que beaucoup de gens ont recours, comme faire un long voyage qui te tienne éloignée ou un voyage agréable qui te distraie, comme occuper beaucoup de ton temps à tenir un compte scrupuleux de tes rentrées d'argent et à gérer ton patrimoine ou comme te lancer dans des occupations qui se renouvellent sans cesse. Tous ces expédients sont utiles sur le moment mais ce ne sont pas des remèdes contre la douleur : ils ne font que l'entraver. Or je préfère la voir cesser à la voir abusée.

3. Autant de raisons pour que je te guide là où doivent se réfugier tous ceux qui cherchent à fuir la

Fortune : les études libérales. Elles guériront ta blessure, elles te délivreront complètement de ta tristesse. Même si tu n'y avais jamais été initiée, il te faudrait maintenant t'y adonner ; mais pour autant que te l'ait permis le rigorisme traditionaliste de mon père, même si tu n'as pas assimilé tous ces arts libéraux, tu en as eu tout au moins une première approche.

4. Ah ! si seulement mon père, cet excellent homme, s'en était moins remis à l'usage de ses ancêtres et s'il avait voulu qu'on t'inculque les préceptes de la sagesse au lieu de se contenter de t'en imprégner ! Tu n'en serais pas actuellement à chercher une protection contre la Fortune, tu la mettrais d'ores et déjà en œuvre ; mais par la faute de ces femmes qui ne se cultivent pas pour acquérir la sagesse mais se parent d'un vernis intellectuel pour se livrer aux pires excès, il ne t'a guère permis de t'adonner aux études. Cependant, grâce à tes capacités d'assimilation, tu t'es davantage imprégnée de culture qu'on pouvait s'y attendre, en si peu de temps ; les fondements de toutes les disciplines ont été posés. Reviens maintenant vers ces disciplines : elles te garantiront la tranquillité.

5. Elles te consoleront, elles te charmeront et si elles pénètrent pour de bon dans ton âme, celle-ci ne sera plus jamais accessible à la douleur ni à l'anxiété ni non plus au vain tourment d'une souffrance inutile. Ton cœur ne sera ouvert à rien de tout cela : il y a longtemps qu'il s'est fermé à tous les autres vices. Les études sont, sans aucun doute, les plus sûres protections, seules susceptibles de te délivrer de l'emprise de la Fortune.

XVIII

1. Mais puisqu'en attendant d'atteindre ce port que te promettent les études, tu as besoin de soutiens sur lesquels prendre appui, je veux entre-temps te montrer les sujets de consolation dont tu disposes. Songe à mes frères (9) : tant qu'ils sont en vie, tu n'as pas le droit d'accuser la Fortune.

2. Chacun d'entre eux, avec son mérite respectif, te donne à te réjouir. L'un déploya assez d'énergie pour atteindre les honneurs, l'autre assez de sagesse pour les mépriser. Trouve l'apaisement dans le prestige social du premier, dans la vie paisible du second et dans leur amour à tous deux ! Je connais les motivations profondes de mes frères. L'un cultive son prestige afin que l'honneur en rejaillisse sur toi, l'autre s'est retiré dans une vie tranquille et paisible afin d'avoir du temps à te consacrer.

3. La Nature a bien fait de répartir tes enfants de manière à ce qu'ils t'apportent et de l'aide et de la distraction ; tu peux te protéger derrière le prestige de l'un et profiter du temps libre de l'autre. Ce sera à qui te rendra le plus de services et l'absence d'un seul de tes enfants sera compensée par l'affection des deux autres ; je peux prendre le risque d'en faire le pari : ce qui te manquera, ce sera seulement que tes enfants ne soient pas au complet.

4. Tourne ensuite ton regard vers tes petits-enfants — vers Marcus (10), cet enfant si délicieux, à la vue duquel nulle affliction ne peut tenir ; il n'est pas de sentiment si fort dont ses embrassements n'atténuent la virulence.

5. Qui, devant son enjouement, continuerait à pleurer ? Qui ne sentirait se détendre son cœur contracté par les tourments, devant une telle vivacité ? Qui, devant son tempérament joueur, résistera à l'envie de s'amuser ? Quel est celui qui ne se laissera pas détourner de ses méditations par ses bavardages dont nul ne peut se lasser ?

6. Je prie les dieux de nous accorder que cet enfant nous survive ! Puisse toute la cruauté du destin s'épuiser sur moi ! Puissent toutes les souffrances qui t'étaient destinées en tant que mère, en tant que grand-mère, être transférées sur moi ! Puisse le reste de la famille continuer à s'épanouir ! Je ne me plaindrai pas d'être sans enfant, je ne me plaindrai pas de ma situation, si seulement je puis être la victime expiatoire qui préserve ma famille de toute nouvelle souffrance.

7. Serre sur ta poitrine Novatilla (11) qui va bientôt te donner des arrière-petits-enfants : je me l'étais tellement attachée, je l'avais tellement adoptée que, puisqu'elle m'a perdu, on pourrait la considérer comme orpheline bien que son père soit en vie ; aime-la aussi pour l'amour de moi ! La Fortune vient de lui retirer sa mère ; ton affection peut faire en sorte qu'elle soit seulement peinée d'avoir perdu sa mère mais pas qu'en plus, elle en subisse les conséquences.

8. C'est maintenant que tu dois régler son comportement, c'est maintenant que tu dois le modeler ; les préceptes qui se gravent sur de tendres années, s'inscrivent plus en profondeur. Qu'elle prenne l'habitude de converser avec toi, façonne-la à ta guise ; tu lui donneras beaucoup, même si tu te contentes de lui donner l'exemple. Un service aussi sacré que celui-là

te servira de remède : une âme qui souffre par amour ne peut en effet être délivrée de ses tourments que par la raison ou alors par une noble occupation.

9. Je compterais aussi ton père au nombre de tes sujets de consolation, s'il n'était pas absent ; néanmoins, tes sentiments à son égard te permettent en réalité d'imaginer quels sont les siens à ton égard ; tu comprendras combien il est plus juste de te préserver pour lui que de ruiner ta vie pour moi. Chaque fois que la douleur t'envahira avec une violence sans limites et qu'elle voudra t'entraîner avec elle, pense à ton père ! Certes, en lui ayant donné tant de petits-enfants et d'arrière-petits-enfants, tu as fait en sorte de ne plus être pour lui l'unique ; mais il dépend de toi que sa vie ait un heureux couronnement. Tant qu'il est en vie, tu n'as pas le droit de te plaindre d'avoir vécu.

XIX

1. J'avais jusqu'à maintenant passé sous silence ton plus grand réconfort — ta sœur, ce cœur qui t'est entièrement dévoué, dans lequel tous tes soucis se reportent et sont mis en commun, cet être qui fut une mère pour nous tous. C'est avec elle que tu as partagé tes larmes, c'est sur sa poitrine que tu as recommencé à respirer.

2. C'est elle qui partage constamment tes sentiments ; cependant, quand il s'agit de moi, ce n'est pas seulement pour toi qu'elle souffre. C'est dans ses bras que je suis arrivé à Rome, c'est grâce à ses soins affectueux et maternels que je me suis remis d'une

longue maladie ; c'est elle qui fit jouer toute son influence pour ma questure et cette femme, pour qui engager la conversation ou saluer à voix haute relevait d'une audace impensable, triompha par affection pour moi de sa timidité. Rien ne l'arrêta : ni son mode vie retiré du monde ni sa discrétion désuète, comparée à l'effronterie propre aux femmes, ni sa tranquillité ni son caractère solitaire et enclin à se tenir à l'écart de la vie publique, rien de tout cela ne l'empêcha d'aller jusqu'à mener campagne pour moi.

3. Tel est, ma mère bien-aimée, le réconfort qui peut t'aider à reprendre des forces. Serre-toi contre elle aussi étroitement que possible, blottis-toi dans ses bras. Généralement, quand on est triste, on évite ce que l'on aime le plus et on cherche sa liberté dans sa souffrance. Fais le contraire : rapproche-toi d'elle, quelles que soient tes intentions ; que tu veuilles conserver tes dispositions d'esprit ou t'en défaire, tu trouveras en elle aussi bien un terme qu'un accompagnement à ta douleur.

4. Mais si je ne me trompe pas sur la sagesse de cette femme exceptionnelle, elle ne tolèrera pas que tu te consumes dans une tristesse qui ne servira à rien et elle te donnera son propre exemple que j'ai eu, moi aussi, sous les yeux. Elle avait perdu, au cours d'une traversée, son époux bien-aimé — notre oncle — qu'elle avait épousé toute jeune ; elle fit pourtant face, en même temps, à son deuil et à sa peur : bravant la tempête, elle sortit de l'eau, en plein naufrage, le corps de son mari.

5. Oh ! que de femmes dont les hauts faits restent dans l'ombre ! Si elle avait connu les temps anciens

où l'on savait, loin des faux-semblants, admirer les actes de courage, comme nos brillants esprits se disputeraient l'honneur de célèbrer cette épouse qui, sans songer à sa faible constitution, sans songer à une mer redoutable, même pour les plus robustes, affronta le danger pour une sépulture et qui, pendant qu'elle pensait aux funérailles de son époux, ne craignit rien pour les siennes ! Tous chantent la gloire de la femme (12) qui offrit sa vie en échange de celle de son mari. Mais c'est encore mieux de mettre sa vie en péril en cherchant à assurer une sépulture à son époux ; le plus grand amour est celui qui, à danger égal, est le moins récompensé.

6. Après cela, personne ne s'étonnera de ce que, pendant les seize années au cours desquelles son mari fut gouverneur de l'Egypte, jamais on ne la vit en public, jamais elle ne reçut chez elle un natif de la Province, jamais elle ne sollicita de son époux ni n'admit qu'on sollicitât d'elle-même la moindre requête. Ainsi, cette Province cancanière et inventive quand il s'agit d'injurier ses préfets, dans laquelle même ceux qui firent un parcours sans faute n'échappèrent pas à la médisance, l'admira comme un modèle d'intégrité exceptionnelle et, chose bien difficile pour un peuple qui aime les bons mots, même à ses risques et périls, contint son franc-parler et aujourd'hui encore, continue à espérer voir arriver quelqu'un qui lui ressemblerait, sans toutefois y compter vraiment. Ce serait déjà beaucoup que cette Province l'ait appréciée seize ans durant ; mais c'est encore mieux qu'elle ne l'ait pas remarquée.

7. Si je rappelle ces faits, ce n'est pas pour exposer

ses mérites — les évoquer en si peu de mots serait les minimiser ; c'est pour que tu aies conscience de la grandeur d'âme de cette femme : ni l'ambition ni la convoitise — fléaux qui accompagnent toute situation de pouvoir — n'ont triomphé d'elle, la peur de la mort ne la découragea pas, tandis qu'elle vivait son propre naufrage sur un bateau à la dérive, de garder serré contre elle son époux inanimé et de chercher le moyen non pas de se sortir de là mais de l'emporter avec elle. Tu dois montrer un courage semblable au sien, reprendre ton âme à son chagrin et faire en sorte que nul ne puisse croire que tu regrettes d'avoir été mère.

XX

1. Mais par ailleurs, comme il est inévitable qu'en dépit de tous tes efforts, tes pensées reviennent souvent vers moi et qu'actuellement, aucun de tes enfants ne te vienne à l'esprit plus fréquemment que moi — non qu'ils te soient moins chers mais parce qu'il est naturel de porter plus souvent la main à l'endroit où l'on a mal — apprends de moi comment tu dois m'imaginer : je suis gai et plein d'entrain comme en des circonstances des plus favorables. Et elles le sont effectivement car mon âme, libérée de toute tracasserie, se livre à loisir à ses activités : tantôt elle se distrait à des travaux intellectuels sans conséquence, tantôt, assoiffée de vérité, elle s'élève jusqu'à considérer sa propre nature et celle de l'univers.

2. Elle s'intéresse en premier aux continents et à

leur localisation, puis aux lois qui gouvernent la mer tout autour et aux mouvements alternés de ses flux et reflux. Ensuite, elle examine toute l'étendue qui sépare le Ciel de la Terre — étendue remplie de peurs — et plus particulièrement la partie la plus proche que perturbent le tonnerre, la foudre, les rafales de vent et les chutes de pluie, de neige et de grêle. Puis, après avoir parcouru ces espaces inférieurs, elle s'élance au plus haut des cieux et jouit du magnifique spectacle du monde divin : consciente de son éternité, elle pénètre tout ce qui fut et qui sera en traversant tous les siècles.

Notes

1. Sénèque confond la Phocide et Phocée, ville d'Asie Mineure.
2. L'ennemi juré de César qui, après la défaite de Pompée à Pharsale, se retira à Mytilène.
3. Allusions aux campagnes contre les Pompéiens (46-45).
4. Allusion à la défaite de Crassus (53 av. J.-C.).
5. L'empereur Caligula.
6. Allusion à Regulus, héros de la première Guerre Punique.
7. M. Curius Dentatus.
8. Helvia était sous la tutelle de son père et ne disposait pas de ses biens.
9. Sénèque avait deux frères : Novatus et Mela.
10. Marcus Annaeus Lucanus, connu sous le nom de Lucain (le futur auteur de *La Pharsale*).
11. Fille de Novatus.
12. Allusion à Alceste.

Consolation à Marcia

I

1. Si je ne te savais pas, Marcia, éloignée de la fragilité d'âme propre aux femmes autant que de tous leurs autres travers, si je ne savais pas que ta conduite passe pour faire revivre les temps jadis, je n'oserais pas barrer la route à ta douleur — cette douleur que les hommes ne sont pas les derniers à entretenir et couver jalousement — et je n'aurais pas conçu l'espoir, en présence d'une situation aussi injuste, d'un juge aussi hostile et d'un chef d'accusation aussi révoltant, de pouvoir faire en sorte que tu acquittes ta Fortune. Mais ta force d'âme déjà éprouvée et ton courage révélé à l'occasion d'une grande épreuve m'ont donné confiance.

2. Nous ne sommes pas sans savoir comment tu t'es comportée à l'égard de ton père, ce père que tu n'aimas pas moins que tes enfants, hormis que tu ne formais pas le vœu qu'il te survécût. Encore n'en suis-je pas certain : un grand amour filial se laisse entraîner à certains vœux contraires à la bonne règle ! Tu as cherché, dans la limite de tes possibilités, à empêcher la mort de ton père, A. Cremutius Cordus ; mais lorsque tu fus convaincue que, cerné par les hommes de Séjan, il ne pouvait trouver d'autre moyen d'éviter la servitude, sans pour autant favoriser sa décision, tu

baissas les bras, tu versas des larmes sans t'en cacher et si tu parvins à étouffer tes gémissements, tu ne les dissimulas pourtant pas derrière une apparente gaieté ; et ce à une époque où c'était faire preuve d'un grand respect filial que de ne pas témoigner d'irrespect.

3. Mais lorsqu'un changement de conjoncture t'en fournit l'occasion, tu as réhabilité, à l'usage du public, le génie de ton père, ce génie qui lui avait valu sa perte, tu l'as soustrait à sa véritable mort et tu as restitué à notre patrimoine national les livres que cet homme ô combien courageux avait écrits de son sang. Tu as rendu un fier service à la postérité à laquelle parviendra un témoignage historique authentique qui coûta cher à son auteur ; tu as rendu un fier service à sa propre personne dont vit et vivra la mémoire aussi longtemps qu'on attachera du prix à connaître l'Histoire romaine, aussi longtemps qu'il se trouvera quelqu'un pour vouloir se référer aux actes de ses ancêtres, aussi longtemps qu'il se trouvera quelqu'un pour vouloir savoir ce que c'est qu'un Romain, ce que c'est qu'être un insoumis lorsque toutes les têtes sont courbées et soumises au joug d'un Séjan, ce que c'est qu'un homme libre d'esprit, de cœur et de corps.

4. Ah ! vraiment, quel n'eût été le préjudice pour l'Etat, si tu n'avais ramené en pleine lumière cet homme plongé dans l'oubli à cause de deux biens merveilleux : l'éloquence et la liberté. Il est lu, il connaît la gloire, il est entre toutes les mains, il pénètre les cœurs et ne redoute pas l'usure du temps ; quant aux crimes de ses bourreaux, qui seuls leur valurent de ne pas être oubliés, ils auront tôt fait de sombrer dans l'oubli.

5. Cette noblesse d'âme qui est tienne m'a interdit de tenir compte de ton sexe, m'a interdit de tenir compte de cette mélancolie vieille de tant d'années, qui continue à marquer ton visage comme au premier jour. Vois comme je ne cherche pas à te prendre en traître ni ne songe à ruser avec tes sentiments. Je t'ai remis en mémoire tes anciens malheurs et afin que tu saches que cette nouvelle plaie doit se refermer elle aussi, je t'ai montré la cicatrice d'une blessure qui était tout aussi profonde. A d'autres donc les manières douces et les cajoleries : j'ai décidé, pour ma part, de livrer bataille à ton chagrin et je contiendrai les larmes de tes yeux épuisés de fatigue qui, à dire vrai, pleurent plus par habitude que par besoin. Je le ferai, si possible, avec ton concours ; sinon, j'irai à l'encontre de ta volonté, même si tu retiens et étreins ta douleur à laquelle tu as cédé la place laissée vide par ton fils. Quand en auras-tu fini ?

6. Tout a été essayé en vain. Tes amis se sont fatigués de te prodiguer leurs encouragements, les hommes éminents de ta famille se sont fatigués d'user de leur influence sur toi ; ta culture — ce bien que tu as hérité de ton père — s'est heurtée à un mur, ne servant que de vaine consolation tout juste bonne à t'occuper un instant ; même le temps, ce remède naturel qui réussit à apaiser jusqu'aux pires peines, agit efficacement sur tous, toi exceptée.

7. Une troisième année vient de s'écouler et ton chagrin n'a rien perdu de sa prime virulence, il reprend vie et vigueur chaque jour et le temps l'a comme légitimé : il en est arrivé à trouver honteux de cesser. Tous les défauts s'incrustent si on ne les

étouffe pas dès leur apparition ; de même, cet état de douloureuse mélancolie qui s'inflige les pires sévices, finit par se nourrir de sa propre amertume et la souffrance d'une âme malheureuse se mue en plaisir malsain.

8. Voilà pourquoi j'aurais souhaité entreprendre ton traitement dès les premiers temps. Une médication plus douce aurait dû suffire à contenir une force encore naissante ; mais contre des maux bien enracinés, il faut combattre plus énergiquement. En effet, il en va de même pour les plaies : il est facile de les guérir tant qu'elles sont encore sanguinolentes mais on les cautérise, on les entaille profondément et on y enfonce les doigts dès lors qu'infectées, elles dégénèrent en mauvais ulcères. Il est maintenant trop tard pour que j'aborde avec ménagement et en douceur une souffrance aussi tenace : il faut la briser.

II

1. Je sais que d'habitude, lorsqu'on veut conseiller quelqu'un, on commence par des recommandations et on finit par des exemples. Mais on a parfois intérêt à inverser cet ordre : il faut s'adapter à chaque cas particulier. Certains êtres sont sensibles à la raison, d'autres ont besoin de se voir opposer des noms prestigieux et une autorité qui ne laisse aucune liberté d'esprit à celui qui se laisse fasciner par de brillants modèles.

2. Je vais te mettre sous les yeux les plus nobles exemples empruntés à ton sexe et à ton siècle. Ce sont

deux femmes : l'une qui s'abandonna tout entière à sa douleur, l'autre qui, affectée d'un malheur similaire mais d'une perte plus grande, ne laissa pourtant pas ses malheurs la dominer longtemps et retrouva rapidement son équilibre.

3. Octavia et Livia, l'une sœur, l'autre épouse d'Auguste, avaient perdu leur fils en pleine force de l'âge, chacune dans l'espoir fondé de voir son propre fils devenir empereur.

Octavia avait perdu Marcellus (1), sur lequel son oncle et beau-père commençait à se reposer et à se décharger du fardeau du pouvoir : c'était un jeune homme plein d'allant, à l'intelligence pénétrante mais d'une simplicité et d'une retenue tout à fait admirables pour un homme de son âge et de son rang, endurant à la tâche, étranger aux plaisirs et prêt à assumer tout ce que son oncle aurait voulu mettre et, si j'ose dire, édifier sur ses épaules : Auguste avait su choisir des fondations qu'aucune charge n'aurait fait céder.

4. Toute sa vie durant, elle refusa de mettre un terme à ses pleurs et à ses plaintes et elle se ferma aux moindres paroles de réconfort ; elle ne s'autorisa même pas la moindre distraction, tendue qu'elle était vers une seule et même obsession. Pendant toute sa vie, elle fut telle qu'aux funérailles : je ne dis pas qu'elle n'avait pas le courage de réagir mais elle refusait qu'on allégeât sa peine, pensant que renoncer à ses larmes constituerait une privation de plus. Elle refusa de posséder le moindre portrait de son fils tant aimé, elle refusa qu'on en fît mention devant elle. Elle haïssait toutes les mères et se déchaînait particulièrement contre Livia, dont le fils lui semblait désormais

bénéficier du bonheur qui lui avait été promis. Ne se plaisant que dans les ténèbres et la solitude, ne tenant même pas compte de son frère, elle repoussa les poèmes composés pour célébrer la mémoire de Marcellus ainsi que les autres œuvres littéraires en son honneur et se boucha les oreilles à toute consolation. S'étant soustraite à ses charges officielles et abhorrant jusqu'à la bonne Fortune trop éclatante dont bénéficiait la grandeur de son frère, elle s'enterra dans une retraite tenue secrète. Malgré la présence de ses enfants et petits-enfants, elle ne quitta pas ses vêtements de deuil, non sans offenser tous les siens, qui avaient l'impression de la voir porter leur deuil de leur vivant.

III

1. Livia avait perdu son fils Drusus, qui serait devenu un grand empereur et qui était déjà un grand chef militaire ; il avait pénétré loin à l'intérieur de la Germanie et il avait planté les enseignes de Rome là où on savait à peine qu'il existait des Romains. Il était décédé en peine expédition et même ses ennemis l'avaient honoré, lors de sa maladie, en respectant le cessez-le-feu et en n'osant pas souhaiter ce qui était leur intérêt. A cette mort qu'il avait rencontrée au service de l'Etat, s'ajoutait l'immense chagrin de ses concitoyens, des Provinces et de toute l'Italie qu'avait traversée jusqu'à Rome son cortège funèbre aux allures de triomphe devant des foules venues des municipes et des colonies s'acquitter de leurs devoirs funèbres.

2. Cette mère n'avait pas pu recueillir les derniers baisers de son fils ni ses précieuses paroles ultimes. Tout le long du trajet, elle avait accompagné la dépouille de son Drusus bien-aimé, la douleur ravivée par tous les bûchers allumés dans toute l'Italie comme si chaque fois elle le perdait à nouveau et pourtant, dès qu'elle l'eut mis au tombeau, en même temps que son fils elle ensevelit sa douleur et elle n'en montra pas plus qu'il n'était convenable du vivant de César ou qu'il n'était juste du vivant de Tibère. Elle ne cessa par la suite de célébrer le nom de son Drusus bien-aimé, de se le faire partout représenter, dans les lieux privés et publics, de prendre un plaisir extrême à parler de lui, à entendre parler de lui : elle vécut avec son souvenir. Et on ne peut conserver et entretenir un souvenir que si on n'en a pas fait quelque chose de douloureux pour soi-même.

3. Choisis donc parmi ces deux exemples celui que tu trouves le plus estimable. Si c'est le premier exemple que tu veux suivre, tu te retrancheras du nombre des vivants : tu te détourneras à la fois des enfants des autres, des tiens et de celui-là même que tu pleures ; les mères verront en toi un sinistre présage ; tu refuseras des plaisirs honorables et autorisés en les prétendant inconvenants dans ta situation ; tu haïras la lumière du jour dont tu ne pourras te détacher et tu prendras ta vie en horreur sous prétexte qu'elle tarde à t'entraîner dans la mort et à en finir avec toi ; et, chose infiniment honteuse et indigne d'une âme dont la réputation était faite, tu montreras que tu ne veux pas vivre mais que tu es incapable de mourir.

4. Si au contraire tu te rallies à l'exemple illustre de la seconde, plus raisonnable et moins dure avec elle-même, tu ne vivras pas dans l'accablement et tu ne te laisseras pas miner par les tourments : mais enfin quelle folie de se punir de son malheur et d'ajouter de nouvelles souffrances aux anciennes ! Cette intégrité et cette retenue qui ont marqué toute ta vie, tu sauras aussi en faire preuve dans la situation présente : en effet, même la souffrance peut être discrète. Et ce jeune homme qui méritait tellement de te rendre, par le souvenir de son nom, perpétuellement heureuse, tu lui rendras un meilleur hommage si toi, sa mère, tu te le représentes aussi gai et joyeux que de son vivant.

IV

1. Je ne t'entraînerai pas non plus dans des recommandations trop sévères, comme de supporter d'une façon inhumaine des malheurs qui frappent les êtres humains ou comme de sécher tes larmes de mère le jour même de l'enterrement. Je vais me soumettre en même temps que toi à un arbitrage ; la question débattue entre nous sera de savoir s'il vaut mieux qu'une souffrance soit profonde ou perpétuelle. Je ne doute pas de tes préférences pour l'exemple de Julia Augusta (2), dont tu fus très proche ; c'est elle qui t'invite à prendre part à ses délibérations.

2. Dans la prime ardeur de la douleur, quand le malheur rend particulièrement impulsif et agressif, elle permit à Areus, le philosophe attitré de son époux, de venir la voir et elle reconnut qu'elle y

trouva un grand réconfort, plus qu'en le peuple romain auquel elle ne voulait pas communiquer son chagrin, plus qu'en Auguste qui titubait depuis qu'il avait perdu l'un de ses deux appuis et qui n'avait pas besoin qu'on lui fasse porter le fardeau du chagrin des siens, plus qu'en son fils Tibère dont l'amour l'empêcha, lors de cette mort prématurée et pleurée par le monde entier, de sentir autre chose qu'une différence dans le nombre de ses enfants.

3. Voici, à mon avis, comment il l'aborda, voici en quels termes il commença à s'adresser à cette femme si soucieuse de rester fidèle à sa réputation : « Jusqu'à ce jour, Julia, et pour autant que je le sache, moi qui accompagne partout ton époux et qui connais non seulement ce que vous laissez voir au public mais aussi les mouvements plus secrets de vos cœurs, tu as veillé à ce qu'on ne puisse rien blâmer en toi.

4. Et quelles que fussent les circonstances — graves ou banales — tu t'es appliquée à ne rien faire qui te fît souhaiter le pardon d'une opinion publique qui juge les princes en toute indépendance. Et je ne connais rien de plus beau pour des gens très haut placés que d'accorder souvent leur pardon sans jamais le solliciter de quiconque. Tu dois donc dans la situation présente, rester fidèle à ta manière, autrement dit ne rien faire que tu souhaiterais ne pas avoir fait ou avoir fait autrement.

V

1. « Ensuite je te prie et te supplie de ne pas opposer à tes amis une humeur difficile et intraitable. Tu ne dois pas ignorer, en effet, qu'aucun d'entre eux ne

sait comment se comporter, s'il doit parler ou non de Drusus en ta présence, pris entre la peur d'offenser un si brillant jeune homme en l'oubliant et celle de t'offenser en le nommant.

2. Quand nous nous réunissons en ton absence, nous glorifions ses faits et dires avec toute l'admiration qui lui est due ; mais en ta présence, nous observons un profond silence à son sujet. Et ainsi tu te prives d'un plaisir extrême : entendre les louanges de ton fils, louanges que, je n'en doute pas un instant, tu ferais durer éternellement, fût-ce au péril de ta vie, si la possibilité t'en était donnée.

3. Tolère donc, encourage même les conversations à son sujet et prête une oreille complaisante au nom et à la mémoire de ton fils ; et ne considère pas cela comme une épreuve, à l'instar de tous ces gens qui, en pareille circonstance, considèrent qu'entendre des paroles consolatrices est une part de leur malheur.

4. Pour le moment, tu as pris le parti complètement opposé et, oubliant les bons côtés de ta Fortune, tu n'en vois que les mauvais côtés : tu ne te retournes pas vers les moments agréables vécus avec ton fils lors de vos rencontres ni vers ses douces caresses d'enfant ni vers ses progrès d'écolier ; tu t'appesantis sur le dernier aspect des choses et comme si celui-ci n'était pas assez horrible en soi, tu fais tout ton possible pour en amplifier l'horreur.

5. Non ! je t'en supplie, ne convoite pas la gloire perverse entre toutes de donner l'image du malheur absolu ! Songe également qu'il n'y a pas de grandeur à se montrer courageux dans la prospérité, lorsque la vie suit un cours favorable ; une mer calme et un vent

complaisant ne mettent pas non plus en valeur le savoir-faire du pilote, il faut que survienne une épreuve pour que se révèle son courage.

6. Ne te laisse donc pas abattre, garde l'équilibre, reprends tes esprits dans tout ce vacarme et résiste à cette avalanche de coups qui s'est abattue sur toi. La Fortune ne déteste rien autant qu'un esprit qui garde son calme ». Après quoi il lui montra celui de ses fils qui était en vie et il lui montra ses petits-enfants issus de celui qu'elle avait perdu.

VI

1. C'est de ton cas, Marcia, qu'il s'agissait là, c'est à tes côtés qu'Areus est venu s'asseoir. Intervertis les rôles : c'est toi qu'il a cherché à consoler. Mais je veux bien croire, Marcia, qu'on t'ait arraché plus que n'a jamais perdu aucune mère – je ne cherche pas à t'apaiser ni à minimiser le malheur qui s'est abattu sur toi. Si les pleurs triomphent des rigueurs du destin, pleurons ensemble.

2. Passons chacune de nos journées à gémir, consumons chacune de nos nuits dans l'affliction et l'insomnie ; déchirons-nous à pleines mains la poitrine, attaquons-nous même à notre visage et donnons libre cours à notre peine, quitte à ce qu'elle tourne à la cruauté. Mais si aucune de ces bruyantes manifestations de deuil ne rappelle à la vie ce qui est mort, si aucune souffrance ne modifie le cours d'un destin immuable et fixé de toute éternité et si la mort retient ce qu'elle a emporté, que cesse une souffrance inutile.

3. Contrôlons-nous donc et ne laissons pas cette force aveugle nous détourner de notre route ! Honte au pilote à qui les vagues ont arraché son gouvernail, qui a laissé les voiles flotter au gré des vents, qui a abandonné son bateau à la tempête ; gloire à celui, même en plein naufrage, que la mer a englouti tandis qu'il cherchait à redresser la barre !

VII

1. « Mais, diras-tu, il est conforme à la Nature de regretter d'avoir perdu les siens. » Qui dit le contraire, aussi longtemps que ce regret est mesuré ? En effet, la séparation, et pas seulement la perte d'êtres très chers, fait inévitablement mal et elle serre les cœurs, même les plus endurcis. Mais il s'agit davantage des effets de notre imagination que des prescriptions de la Nature.

2. Observe combien les animaux privés de parole manifestent, quand ils perdent leurs petits, une douleur certes violente mais brève : on entend seulement un jour ou deux le mugissement des vaches et la course errante et folle des cavales ne dure pas plus longtemps ; les bêtes sauvages, après avoir recherché la trace de leurs petits, après avoir erré dans les forêts, après être retournées à plusieurs reprises dans leurs tanières dévastées, étouffent leur fureur en peu de temps ; les oiseaux s'affolent à grands cris autour de leurs nids vides et pourtant, un instant suffit pour qu'ils reprennent tranquillement leur vol ; l'homme est le seul des animaux à regretter longuement d'avoir

perdu son petit : il entretient sa souffrance et il n'en est pas seulement affecté aussi longtemps qu'il l'éprouve mais aussi longtemps qu'il a décidé de l'éprouver.

3. Mais afin que tu saches qu'il n'est pas conforme à la Nature de se laisser briser par le chagrin, je te ferai d'abord remarquer qu'un même deuil blesse plus profondément les femmes que les hommes, les Barbares que les gens appartenant à une nation pacifique et éduquée, les ignorants que les gens instruits. Or ce qui tire ses effets de la Nature conserve des effets identiques chez tous les êtres : il est clair que ce qui varie n'est pas le fait de la Nature.

4. Le feu brûlera indifféremment les gens de tous âges, les citoyens de toutes villes, les hommes comme les femmes ; le fer prouvera indifféremment sa capacité à trancher, quel que soit le corps. Pourquoi ? Parce que ces propriétés leur ont été données par la Nature qui n'établit rien à l'échelle de l'individu. Mais la pauvreté, le chagrin occasionné par le deuil, le mépris (3), chacun les éprouve diversement, selon qu'il est plus ou moins corrompu par les habitudes et selon que le rend plus ou moins faible et sans courage l'opinion terrifiante qu'il se fait de choses qui ne sont pas terrifiantes.

VIII

1. Je te ferai ensuite remarquer que ce qui est le fait de la Nature ne décroît pas avec le temps, alors qu'à la longue, la douleur finit par se dissiper. Même si elle est très têtue, que chaque jour, elle se redresse et se

cabre contre tous les remèdes, le temps, qui réussit merveilleusement à calmer les natures fougueuses, finit tout de même par l'affaiblir.

2. Certes, Marcia, ton chagrin demeure immense et il semble s'être déjà couvert de callosités : s'il n'est plus virulent comme au début, il reste tenace et obstiné ; cela n'empêchera cependant pas le temps de t'en délivrer progressivement. Chaque fois que tu t'occuperas ailleurs, ton esprit s'en affranchira un peu plus.

3. Mais pour le moment, tu te surveilles ; or il y a une grande différence entre te laisser aller à te lamenter et t'y forcer. Comme il conviendrait davantage à ta distinction naturelle de mettre toi-même un terme à ton deuil et de ne pas attendre le jour où ta douleur cessera malgré toi ! Prends l'initiative de la rupture !

IX

1. « D'où vient donc, me diras-tu, que nous nous obstinions tellement dans nos lamentations, si ce n'est pas la Nature qui nous y invite ? » C'est que nous n'anticipons pas le malheur avant qu'il ne nous arrive et comme si nous étions nous-mêmes protégés et que nous nous avancions sur une voie plus sûre que celle qu'empruntent les autres gens, nous ne comprenons pas, en voyant les infortunes d'autrui, qu'elles nous sont communes à tous.

2. Tous ces cortèges funèbres qui longent notre demeure... et pourtant nous ne songeons pas à la mort ! Toutes ces morts prématurées... et pourtant nous n'arrêtons pas de penser à la future toge de nos bébés, à leur service militaire et leur succession à

l'héritage paternel ! Tous ces riches sur lesquels nous voyons tout à coup fondre la pauvreté... et pourtant il ne nous effleure jamais l'esprit que nos biens, à nous aussi, sont tout aussi peu en sûreté ! De cette manière, nous courons d'autant plus inévitablement à la catastrophe : les coups nous atteignent comme par surprise, tandis que des coups prévus longtemps à l'avance arrivent plus en douceur.

3. Tu veux que je te dise que tu es exposée à tous les coups mais que les traits qui ont transpercé les autres n'ont fait que t'effleurer de leurs vibrations ? Mais c'est comme si tu abordais à moitié armée une muraille ou un lieu gardé par une nombreuse armée et difficile à escalader : attends-toi à une blessure et considère que ces projectiles qui volent au-dessus de ta tête, accompagnés de flèches et de javelots, visaient ton corps. Chaque fois que quelqu'un tombera à tes côtés ou dans ton dos, écrie-toi : « Tu ne me tromperas pas, Fortune, et si tu m'écrases, ce ne sera pas parce que je ne me méfiais pas ou que je ne faisais pas attention. Je sais ce que tu prépares ; c'est quelqu'un d'autre que tu as frappé mais c'est moi que tu visais. »

4. Qui a jamais regardé ses biens en pensant qu'il allait mourir ? Qui d'entre nous a jamais osé songer à l'exil, à la pauvreté, au deuil ? Qui, si on lui conseillait d'y songer, ne repousserait un tel conseil comme un sinistre présage et ne souhaiterait envoyer ces catastrophes sur la tête de ses ennemis ou même de son inopportun donneur de leçons ?

5. « Je n'ai pas cru que cela arriverait. » Crois-tu vraiment qu'une chose dont tu sais qu'elle peut se produire, dont tu vois qu'elle s'est produite pour

beaucoup de gens, n'arrivera pas ? Quel remarquable vers que celui-ci et comme il aurait mérité autre chose que les tréteaux :

« Ce qui peut arriver à un individu peut arriver à n'importe qui » ! (4)

Tel a perdu ses enfants ; toi aussi tu peux les perdre. Tel a été condamné ; ton innocence, elle aussi, est menacée. Telle est l'illusion qui nous trompe et nous ramollit quand nous subissons des malheurs dont nous n'avions jamais prévu que nous aurions à les subir. On ôte un peu de leur violence aux maux présents quand on les a vus venir.

X

1. Tout, Marcia, tout ce qui brille extérieurement autour de nous — enfants, honneurs, richesses, vastes atriums et vestibules remplis d'une foule de clients auxquels on interdit l'entrée, nom illustre, épouse noble et belle et toutes autres sortes de biens qui dépendent d'un sort incertain et instable — ce sont des apprêts qui ont été mis à notre disposition sans que nous les possédions ; rien de tout cela ne nous a été offert en cadeau. Le décor est pourvu d'accessoires d'emprunt qui retourneront un jour à leur propriétaire ; les uns seront rapportés dès le premier jour, d'autres le deuxième, très peu d'entre eux resteront là jusqu'à la fin.

2. Ainsi, nous n'avons pas de quoi être fiers de nous comme si nous étions entourés de biens en notre possession ; ce que nous avons reçu nous a été prêté.

Nous en avons l'usufruit pour un temps déterminé par celui qui décide des faveurs qu'il octroie ; nous devons tenir à disposition ce qui nous a été prêté jusqu'à une date que nous ignorons et une fois mis en demeure, le rendre sans nous plaindre : ce serait faire un bien piètre débiteur que de chercher querelle à son créancier.

3. Nous devons par conséquent aimer tous les nôtres — ceux dont nous souhaitons qu'ils nous survivent en vertu de la règle de la naissance comme ceux dont le vœu tout à fait légitime est de nous précéder — en pensant qu'on ne nous a absolument pas promis qu'ils vivraient éternellement, qu'on ne nous a même pas promis qu'ils vivraient longtemps. Il faut souvent rappeler à notre cœur d'aimer comme si la séparation allait survenir et même comme si elle survenait déjà. Tout ce que la Fortune nous a donné, c'est comme si on le possédait sans avoir aucune garantie.

4. Dépêchez-vous de profiter des plaisirs que vous procurent vos enfants, donnez-leur en échange de jouir pleinement de votre présence et savourez chaque joie sans délai ; rien ne vous est promis pour cette nuit — mais j'ai fixé là un délai trop long ! — rien ne vous est promis pour cette heure-ci. Vous devez vous hâter, vous n'avez pas le temps de vous retourner. Bientôt vos compagnons seront dispersés, bientôt des cris s'élèveront et vos liens de camaraderie se déferont. Rien n'échappe au pillage ; malheureux, vous ne savez pas vivre tout en vous enfuyant !

5. Si tu souffres de la mort de ton fils, la faute remonte au moment où il est né : son arrêt de mort lui a été notifié à sa naissance ; il était soumis à cette loi

dès sa procréation, ce destin le poursuivait déjà dans le ventre de sa mère.

6. Nous sommes tombés au pouvoir de la Fortune — un pouvoir intraitable et invincible — destinés à subir des traitements mérités ou immérités selon sa volonté. Elle usera de nos corps tyranniquement, outrageusement, cruellement. Elle brûlera les uns, soit en guise de châtiment, soit en guise de remède ; d'autres, elle les enchaînera : tel jour, par l'intermédiaire d'un ennemi, tel autre jour, d'un concitoyen ; certains, elle les promènera tout nus sur une mer capricieuse et quand ils se seront bien débattus contre les vagues, elle ne les rejettera même pas sur du sable ou sur une côte, elle les fera disparaître tout au fond du ventre d'un énorme monstre ; à d'autres, elle enverra toutes sortes de maladies qui les amaigriront puis elle les maintiendra longuement entre la vie et la mort. Comme une maîtresse inconstante, capricieuse et sans égards pour ses esclaves, elle fera alterner sans discernement châtiments et récompenses.

XI

1. A quoi bon s'apitoyer sur des tranches de vie ? C'est toute la vie qui est pitoyable ; de nouveaux déboires fondront sur toi avant que tu en aies fini avec les anciens. C'est pourquoi vous devez vous dominer, surtout vous, les femmes, dont les sensations sont exacerbées, et vous devez répartir sur plusieurs douleurs vos ressources émotives. Que signifie enfin cet oubli de sa condition et de celle de tous les humains ?

Tu es née mortelle, tu as enfanté des mortels. Toi-même qui n'es qu'un corps friable et éphémère et qui as souvent été la proie des maladies, as-tu espéré avoir porté en toi, à partir d'une matière aussi fragile, quelque chose de résistant et d'éternel ?

2. Ton fils a disparu ; autant dire qu'il a atteint, au bout de sa course, le terme vers lequel se hâtent les êtres que tu juges plus chanceux que ton enfant. C'est vers cet endroit que marche à des allures variables toute cette foule qui suit les procès au forum, assiste à des représentations dans les théâtres et prie dans les temples ; tout ce que tu aimes et respectes et tout ce que tu méprises sera également réduit en un seul tas de cendres. C'est sans aucun doute le sens de la formule attribuée à l'oracle de la Pythie : « Connais-toi toi-même. »

3. Qu'est-ce que l'homme ? Un vase qui se brise au premier choc, à la première secousse. Tu n'as pas besoin d'une grosse tempête pour être anéantie ; un simple heurt et tu te désagrégeras. Qu'est-ce que l'homme ? Un corps faible et frêle, nu, intrinsèquement sans défense, dépendant de l'aide d'autrui, exposé à tous les outrages de la Fortune ; même lorsqu'il a bien développé ses muscles, proie et victime de la première bête sauvage venue ; constitué d'un assemblage d'éléments fragiles et éphémères et ne brillant que par ses traits extérieurs, incapable d'endurer le froid, la chaleur, l'effort, mais en revanche prêt à se décomposer s'il reste sans bouger et sans rien faire, craignant sa propre nourriture dont le manque le fait dépérir et dont l'abondance le fait éclater ; il s'inquiète et se soucie pour sa sécurité, son

souffle est précaire et mal assuré, à la merci d'une frayeur soudaine ou d'un bruit qui survient inopinément et lui frappe désagréablement les oreilles ; il alimente continuellement son inquiétude, étant lui-même plein de défauts qui lui nuisent.

4. Et nous nous étonnons d'y trouver la mort, qu'un seul hoquet suffit à provoquer ? En faut-il vraiment beaucoup pour qu'il s'écroule ? Une odeur, une saveur, une fatigue, une nuit sans dormir, une boisson, une nourriture et ce dont il ne peut pas se passer pour vivre suffisent à le tuer ; où qu'il se déplace, il prend aussitôt conscience de sa vulnérabilité : il ne supporte pas tous les climats ; une eau à laquelle il n'est pas habitué, le souffle d'un vent dont il n'est pas familier, la moindre cause, l'incident le plus dérisoire et le voici malade : une créature délabrée, infirme, qui a inauguré sa vie sous le signe des pleurs et pourtant elle en fait du bruit, cette créature méprisable ! Dans quels ambitieux projets ne se lance-t-elle pas, oublieuse de sa condition !

5. Elle médite sur l'immortalité, sur l'éternité, prend ses dispositions pour ses petits-enfants et arrière-petits-enfants et pendant qu'elle se lance dans des entreprises à long terme, la mort la surprend et ce que nous appelons la vieillesse n'est qu'un cycle de bien peu d'années.

XII

1. Ta souffrance, à supposer qu'elle soit quelque peu raisonnable, est-elle liée à ses propres préjudices ou à ceux du disparu ? Ce qui te trouble dans la perte

de ton fils, est-ce qu'il ne t'ait donné aucune joie ou que tu aurais pu en éprouver de plus grandes s'il avait vécu plus longtemps ? Si tu réponds que tu n'en as éprouvé aucune, tu rendras ton préjudice plus tolérable : les gens regrettent moins ce dont ils n'avaient tiré aucun plaisir ni aucune joie. Mais si tu reconnais qu'il t'a fait connaître de grandes joies, tu n'as pas à te plaindre pour ce qui t'a été retiré mais à rendre grâces de la chance que tu as eue.

2. Tu as en effet été largement récompensée de tes peines par le fait même que tu l'aies élevé, à moins que ceux qui élèvent avec la plus grande sollicitude des petits chiens, des oiseaux et toutes sortes d'animaux d'agrément, trouvent quelque plaisir à les voir, à les toucher et à recevoir les flatteuses caresses de ces bêtes privées de parole, tandis que ceux qui élèvent des enfants ne trouveraient pas dans le fait même de les éduquer la récompense de l'éducation qu'ils leur donnent. Ainsi, même si son intense activité ne t'a été d'aucune utilité, même si sa vigilance ne t'a pas protégée, même si sa sagesse ne t'a pas conseillée, le simple fait que tu l'aies eu, que tu l'aies aimé, voilà ta récompense.

3. « Mais, diras-tu, j'aurais pu en profiter plus longtemps et davantage. » C'est vrai, mais tu as tout de même été mieux traitée que si tu n'avais rien eu du tout puisque, si on nous donnait le choix entre ne pas être longtemps heureux et ne jamais l'être, mieux vaudrait un bonheur prêt à s'envoler que pas de bonheur du tout. Qu'aurais-tu préféré ? Avoir un fils dégénéré qui n'aurait eu de fils que le rang et le nom ou avoir un fils avec toutes les dispositions de ton fils, ce jeune

homme précocement sage, précocement respectueux de ses devoirs, précocement époux, précocement père, précocement intéressé par toutes sortes de fonctions, précocement prêtre, comme pressé en toutes choses ?

4. Il n'arrive presque jamais qu'on bénéficie de biens à la fois grands et durables ; le seul bonheur qui dure et se prolonge jusqu'à notre fin, c'est un bonheur fade. Les dieux immortels, qui n'étaient pas disposés à te donner ton fils pour longtemps, te l'ont donné accompli dès le début comme il aurait dû l'être bien plus tardivement. Tu ne peux pas non plus prétendre que les dieux t'aient choisie, toi plutôt qu'une autre, pour t'interdire de profiter de ton fils. Promène ton regard parmi la multitude des gens connus ou inconnus et tu verras partout des gens qui ont souffert plus que toi. Tes malheurs, de grands chefs les ont éprouvés, de grands princes les ont éprouvés ; nos légendes n'ont même pas mis les dieux à l'abri de tels malheurs et c'est, d'après moi, pour que nous supportions plus facilement nos deuils en voyant s'effondrer même les divinités. Regarde, te dis-je, partout autour de toi : tu ne me citeras pas une seule famille assez malheureuse pour ne pas trouver de réconfort dans l'existence d'une famille plus malheureuse qu'elle.

5. Mais non, voyons ! je n'ai pas une mauvaise opinion de ton caractère au point de croire que tu pourrais trouver ton malheur plus léger si je t'avance un nombre impressionnant de gens qui pleurent leurs morts. Il faudrait être malveillant pour trouver une consolation dans la foule des malheureux ; je t'en citerai pourtant quelques-uns, non pour que tu saches que ce genre de malheur est le lot ordinaire des êtres

humains — il serait en effet ridicule de collectionner des exemples de mortalité ! — mais pour que tu saches que nombreux furent ceux qui adoucirent la rigueur de leurs maux en les supportant avec calme. Je commencerai par un homme particulièrement chanceux.

6. Lucius Sylla perdit son fils : cet événement n'émoussa ni sa méchanceté ni son acharnement à combattre ses ennemis et ses concitoyens et il ne fit pas non plus apparaître qu'il eût usurpé à tort le surnom qu'il prit après avoir perdu son fils : il ne craignait ni la haine des hommes, sur le malheur desquels reposait de toute évidence une insolente prospérité, ni la jalousie des dieux qu'accusait une telle prospérité : ce surnom, c'était Sylla le Chanceux (5), si chanceux en effet ! Mais laissons parmi les points que le temps n'a pas encore tranchés, la question de savoir quel homme fut Sylla — même ses ennemis reconnaîtront qu'il a su prendre les armes et qu'il a su les déposer. Ce qui nous intéresse présentement apparaîtra clairement : le malheur qui arrive même aux plus chanceux n'est pas un très grand malheur.

XIII

1. La Grèce admire ce père qui, apprenant en plein sacrifice la mort de son fils, fit seulement taire le joueur de flûte, ôta la couronne de sa tête et accomplit le reste de la cérémonie suivant les rites. Mais notre pontife Pulvillus fit mieux lorsqu'on lui annonça la mort de son fils tandis qu'il avait la main posée sur le

jambage de la porte d'un temple qu'il dédicaçait sur le Capitole. Il fit semblant de ne pas avoir entendu et prononça les mots de la formule pontificale rituelle : aucun gémissement n'interrompit sa prière et il invoqua les faveurs de Jupiter en entendant le nom de son fils résonner à ses oreilles.

2. Penses-tu qu'il doive y avoir une fin à une douleur dont le premier accès, au tout premier jour, ne détourna pas ce père des autels publics et de sa dédicace propitiatoire ? Ah oui ! vraiment, il était digne de cette dédicace mémorable, digne de ce sacerdoce suprême, cet homme qui ne cessa pas d'honorer les dieux même quand ils étaient en colère. Pourtant le même homme, quand il fut rentré chez lui, emplit ses yeux de larmes, émit quelques paroles plaintives et après s'être acquitté des devoirs qu'il est d'usage d'accomplir à l'égard des défunts, il fit reprendre à son visage son expression du Capitole.

3. Paul-Emile, vers l'époque de son si glorieux triomphe lors duquel il mena, enchaîné devant son char, Persès (6), roi de grand renom, donna deux de ses fils en adoption et ensevelit les deux fils qu'il avait gardés. D'après toi, quelle pouvait être la valeur de ceux qu'il avait retenus auprès de lui, quand on sait que Scipion figurait parmi ceux qu'il avait mis à disposition d'autrui ? Ce ne fut pas sans émotion que le peuple romain vit le char de Paul-Emile vide. Pourtant il harangua la foule et rendit grâces aux dieux d'avoir exaucé son vœu : il avait demandé que, au cas où il faudrait payer un tribut à l'Envie pour cette immense victoire, cela se fît à ses dépens plutôt qu'à ceux de l'Etat.

4. Vois-tu quelle fut sa grandeur d'âme ? Il se félicita de son deuil. Et qui, plus que lui, aurait pu se laisser ébranler par un tel revirement de Fortune ? Il perdit en même temps réconforts et soutiens. Pourtant Persès n'eut pas la chance de voir Paul-Emile triste.

XIV

1. A quoi bon maintenant te guider parmi les innombrables exemples de grands hommes et chercher ceux d'entre eux qui furent malheureux, comme s'il n'était pas plus difficile de trouver ceux qui furent chanceux ? Combien compte-t-on de familles qui ont gardé jusqu'au bout tous leurs membres en vie ? Quelle est celle qui n'a pas connu de perturbation ? Choisis une seule année au hasard et invoque le témoignage de ceux qui furent magistrats cette année-là : si tu prends l'exemple de Lucius Bibulus et de Caius César, tu constateras chez ces collègues, qui furent très hostiles l'un à l'autre, des fortunes concordantes.

2. Lucius Bibulus, un homme plus sympathique que courageux, eut deux fils tués en même temps, après avoir été, il est vrai, ridiculisés par l'armée égyptienne, au point que l'identité des responsables de leur mort justifiait davantage les larmes versées que leur perte à proprement parler. Néanmoins Bibulus, qui s'était terré chez lui durant toute l'année de son mandat pour échapper à l'hostilité de son collègue, le lendemain de l'annonce du double décès, sortit remplir les devoirs inhérents à sa charge. Qui pourrait accorder à ses deux fils moins d'un seul jour ? Tant il

fut pressé de mettre un terme au deuil de ses enfants, lui qui avait porté un an le deuil de son consulat.

3. Caius César, tandis qu'il traversait la Bretagne et refusait de laisser la mer freiner sa bonne fortune, apprit que sa fille (7) était décédée en entraînant avec elle les destinées de l'Etat. Il voyait bien que dorénavant Cneus Pompée ne laisserait pas sans réagir quelqu'un d'autre que lui acquérir une stature d'homme d'Etat et qu'il fixerait une limite à une progression qui lui paraissait insupportable, bien qu'elle se fît dans l'intérêt de la nation. Cependant, moins de trois jours plus tard, il s'acquitta de ses fonctions de général en chef et triompha de sa douleur aussi vite qu'il avait l'habitude de triompher de tout le reste.

XV

1. Pourquoi te citer les deuils des autres Césars ? La Fortune me paraît leur faire de temps en temps violence pour qu'ils soient également utiles au genre humain en ce qu'ils lui montrent que même eux dont on dit qu'ils descendent des dieux ou donneront naissance à des dieux, n'ont pas la maîtrise de leur destinée comme ils ont celle des autres gens.

2. Le divin Auguste, ayant perdu ses enfants, ses petits-enfants et ayant vu disparaître toute la famille impériale, eut recours à l'adoption pour étayer sa maison abandonnée ; il fit front cependant avec tout le courage d'un homme dont l'affaire était entendue et auquel il importait par-dessus tout que personne ne se plaignît des dieux.

3. Tiberius César perdit à la fois son fils véritable et son fils adoptif (8) ; malgré cela, il prononça devant les rostres le panégyrique de son fils, resta debout près du corps qui avait été mis bien en vue et dont il n'était séparé que d'un voile disposé pour empêcher le regard d'un pontife de se poser sur un cadavre et malgré les pleurs du peuple romain, il garda un visage impassible : il fit voir à Séjan qui se tenait à ses côtés avec quel sang-froid il pouvait perdre les siens.

4. Vois-tu tous ces innombrables hommes éminents que n'a pas épargnés ce malheur qui renverse tout sur son passage, et qui pourtant avaient accumulé tant de qualités morales, tant de distinctions honorifiques dans leur vie publique comme dans leur vie privée ? Mais de toute évidence, c'est un ouragan qui dévaste tout sans discernement et emporte tout comme si c'était à lui. Demande aux gens de venir individuellement faire le point : personne n'a eu la chance de naître impunément.

XVI

1. Je sais ce que tu veux me dire : « Tu as oublié que c'est une femme que tu cherches à consoler, tu ne cites que des exemples d'hommes ! » Mais qui a dit que la Nature se soit montrée mesquine en dotant les femmes et qu'elle ait étroitement limité leurs qualités ? Elles ont, crois-moi, autant d'énergie, autant de capacité, si elles le veulent, à agir honorablement ; elles supportent à l'égal des hommes la douleur et l'effort, quand elles y sont habituées.

2. Mais dans quelle ville, grands dieux ! tenons-nous ce langage ? Dans la ville où Lucrèce et Brutus ont débarrassé les Romains du joug de la monarchie (nous devons la liberté à Brutus mais nous devons Brutus à Lucrèce) ; dans la ville où nous avons presque inscrit sur la liste de nos héros Clélie qui avait eu l'insigne courage de braver à la fois l'ennemi et le fleuve : campée sur sa statue équestre dans la Voie Sacrée, lieu fréquenté s'il en est, Clélie fait honte à nos jeunes gens d'entrer juchés sur leur coussin dans cette ville où nous n'avons pas hésité à honorer les femmes d'un cheval.

3. Et si tu veux que je te cite des exemples de femmes qui ont assumé avec courage la perte des leurs, je n'aurai pas besoin de faire du porte-à-porte pour en trouver ; dans une même famille, voici deux Cornelia : la première était la fille de Scipion et la mère des Gracques. Elle vit autant de ses enfants morts qu'elle en mit au monde : douze. Ce fut chose facile à supporter en ce qui concerne les dix dont ni la naissance ni la perte n'affectèrent la cité ; mais Tiberius et Caius dont on reconnaîtra qu'ils furent de grands hommes, même si on leur dénie le titre d'hommes de bien, elle les vit assassinés et privés de sépulture. Pourtant, à ceux qui cherchaient à la consoler et la disaient malheureuse, elle répliqua : « Jamais je ne dirai que je n'ai pas eu de chance, moi qui ai donné le jour aux Gracques. »

4. L'autre Cornelia était la femme de Livius Drusus : elle avait perdu un fils très en vue et intellectuellement brillant, qui marchait sur les traces des Gracques, et alors qu'il lui restait un grand nombre de

projets de loi à faire voter, il avait été assassiné dans sa propre demeure, de la main d'un meurtrier dont on ne découvrit pas l'identité. Elle réussit cependant à soutenir le choc de cette mort prématurée et invengée avec autant de courage qu'il en avait eu lui-même à soutenir ses projets de loi.

5. Tu vas te réconcilier avec la Fortune, Marcia, dès lors que les traits qu'elle a lancés contre les Scipions et les mères et filles des Scipions, ceux avec lesquels elle a visé les Césars, elle ne te les a pas non plus épargnés. La vie est infestée de toutes sortes de malheurs à cause desquels on ne connaît pas de longue paix, mais tout juste un répit. Tu avais eu quatre enfants, Marcia. On dit qu'un trait n'est jamais perdu quand il est lancé sur une armée qui marche en rangs serrés : il aurait été étonnant qu'une famille si nombreuse pût passer son chemin sans s'attirer de préjudice dû à la jalousie.

6. Mais, me diras-tu, la Fortune a été d'autant plus injuste qu'elle ne s'est pas contentée de t'arracher tes fils : elle les a choisis ! Jamais pourtant tu ne pourrais dire qu'il y a injustice à partager à égalité avec plus puissant que soi ; elle t'a laissé tes deux filles et leurs enfants. Quant à celui-là même que tu pleures abondamment en oubliant celui qui l'avait précédé, elle ne te l'a pas complètement enlevé : il te reste de lui ses deux filles, lourds fardeaux si tu réagis mal, grands réconforts si tu te montres à la hauteur. Arrange-toi pour que leur vue te rappelle ton fils, non ta douleur !

7. L'agriculteur, quand ses arbres ont été couchés sur le sol, — que les vents les ait complètement déra-

cinés ou que le cyclone les ait soudainement brisés — soigne les jeunes pousses qui en restent et répartit aussitôt à la place des arbres perdus, graines et jeunes plants ; et en peu de temps (car le temps est aussi rapide et prompt à faire pousser les plantes qu'à les abîmer) des arbustes grandissent, plus prometteurs que les arbres perdus.

8. Remplace maintenant Metilius par ses filles, remplis la place laissée vide et permets à un double réconfort d'alléger ton unique douleur ! La nature des mortels, il est vrai, est ainsi faite que rien ne leur plaît davantage que ce qu'ils ont perdu ; nous sommes trop injustes envers ce qui nous reste à cause de notre regret de ce qu'on nous a retiré brutalement. Mais si tu es disposée à évaluer dans quelle mesure la Fortune t'a épargnée même quand elle s'acharnait sur toi, tu sauras que tu as mieux que des sujets de consolation ; pense à tous tes petits-enfants, à tes deux filles. Dis-toi aussi ceci, Marcia : « Je serais troublée si la destinée de chacun était en rapport avec son comportement et si jamais les malheurs ne poursuivaient les gens de bien ; mais je vois que les méchants et les bons, sans distinction, sont pareillement malmenés. »

XVII

1. « Tout de même, diras-tu, il est pénible de perdre à l'âge adulte un enfant qu'on a élevé, lorsqu'il est déjà pour sa mère, pour son père, un soutien et une fierté. » Qui dit que ce n'est pas pénible ? Mais c'est inscrit dans la condition humaine. On est né pour voir

les autres mourir, pour périr soi-même, pour espérer, craindre, tourmenter les autres et se tourmenter soi-même, craindre la mort tout en la souhaitant et, ce qu'il y a de pire, ne jamais savoir quelle est sa situation.

2. Si on disait à quelqu'un qui projetterait d'aller à Syracuse : « Informe-toi d'abord sur tous les désavantages et avantages de ton futur voyage et pars seulement après. Voici ce que tu peux y admirer : tu verras d'abord l'île elle-même, coupée de l'Italie par un détroit et qui, de toute évidence, faisait autrefois partie intégrante du continent ; soudain la mer s'y engouffra et

« Retrancha de la Sicile le flanc de l'Hespérie ». (9)

Ensuite, tu verras (car tu pourras frôler ce gouffre marin si vorace) la légendaire Charybde, apaisée tant qu'elle ne subit pas les effets de l'Auster, mais si ce vent lance ses violentes rafales, elle ouvre une gueule énorme et profonde, qui avale les navires.

3. Tu verras la fontaine d'Aréthuse si célébrée par la poésie : sa nappe d'eau étincelle, parfaitement translucide et les eaux qui en jaillissent sont glacées, soit qu'elles prennent naissance en ce lieu, soit que réapparaisse une rivière souterraine restée pure et non polluée malgré son passage sous tant de mers.

4. Tu verras le port le plus paisible de tous ceux que la Nature a créés pour la protection de nos flottes ou que la main de l'homme a aménagés, un port si sûr que la fureur des tempêtes, même les plus fortes, ne peut s'y déchaîner. Tu verras l'endroit où s'était brisée la puissance athénienne, où une prison naturelle (10) aux parois élevées taillées dans la roche, avait enfermé des milliers et des milliers de prisonniers, tu verras enfin

cette imposante cité et son enceinte parmi les plus étendues au monde, où les hivers sont très doux et où nul jour ne se passe sans qu'on voie le soleil.

5. Mais quand tu auras connu tout cela, un été pénible et malsain entamera les bienfaits du climat hivernal. Il y aura là-bas Denys le tyran, le fossoyeur de la liberté, de la justice et des lois, impatient d'exercer sa tyrannie, même après Platon, impatient de vivre, même après son bannissement ! Il fera connaître aux uns le supplice du feu, à d'autres celui du fouet ; d'autres, il les fera décapiter pour des vétilles ; il enverra chercher mâles et femelles pour satisfaire à ses perversions et au milieu de ces hordes infâmes vouées aux caprices licencieux du tyran, il ne sera pas assez de se livrer à deux accouplements à la fois. Tu sais maintenant ce qui peut t'inciter à y aller et ce qui peut t'en dissuader ; maintenant tu pars ou tu restes. »

6. Si après cette mise au point, quelqu'un avait déclaré vouloir entrer dans Syracuse, pourrait-il légitimement se plaindre de quelqu'un d'autre que de lui-même, qui ne serait pas arrivé là accidentellement mais y serait venu de propos délibéré et en connaissance de cause ?

La Nature nous dit à tous : « Je ne trompe personne. Si tu mets au monde des fils, ils seront peut-être beaux, peut-être aussi seront-ils laids ; peut-être qu'ils seront muets de naissance. L'un d'eux sauvera peut-être sa patrie, peut-être aussi la trahira-t-il.

7. Tu peux parfaitement espérer qu'ils seront entourés d'assez de considération pour te mettre à l'abri de toute médisance ; mais fais-toi tout de même

à l'idée qu'ils seront peut-être infâmes au point de te faire honte, ne serait-ce que par leur existence. Rien n'interdit que ce soit eux qui te rendent les derniers devoirs et que ce soit tes propres enfants qui prononcent ton panégyrique mais prépare-toi à l'idée de mettre sur le bûcher ton fils — jeune, mûr ou âgé : les ans n'ont rien à voir car toutes funérailles sont prématurées quand l'un des parents y assiste. » Si tu mets des enfants au monde en ayant pleine connaissance de ces règles, tu libères les dieux de tout ressentiment à leur égard, puisqu'ils ne t'ont fait aucune réelle promesse.

XVIII

1. Applique maintenant cette parabole à l'entrée dans la vie. Quand tu te demandais si tu devais aller visiter Syracuse, je t'ai exposé tout ce qui pouvait t'y plaire et tout ce qui pouvait t'y choquer ; suppose que je vienne te donner mon avis au moment de ta naissance : « Tu vas entrer dans une ville commune aux dieux et aux hommes, qui embrasse toutes choses, qui est cimentée par des lois fixées pour l'éternité et qui voit se dérouler en bon ordre les infatigables circonvolutions des corps célestes.

2. Là, tu verras briller d'innombrables étoiles, tu verras le soleil remplir l'univers de lumière à lui tout seul, délimitant par sa course quotidienne les espaces du jour et de la nuit et répartissant équitablement par sa course annuelle étés et hivers. Tu verras la lune lui succéder la nuit, recueillant de leur rencontre entre

frère et sœur une lumière douce et indolente : tantôt elle se cache, tantôt elle surplombe la Terre de son visage plein et elle change d'apparence, tantôt gagnant, tantôt perdant, et toujours elle diffère de ce qu'elle était la nuit précédente.

3. Tu verras les cinq planètes suivre des chemins différents et progresser avec efforts en sens inverse du ciel au cours précipité : de leurs moindres déplacements dépendent les destinées des peuples et tous les événements, des plus importants aux plus futiles, prennent forme en fonction de la progression d'un astre favorable ou défavorable. Tu admireras les conglomérats de nuages, la chute des pluies, les lignes brisées des éclairs et le fracas du ciel.

4. Lorsque, rassasié du spectacle des phénomènes célestes, tu auras baissé les yeux vers la Terre, c'est un aspect des choses autre et autrement admirable qui recueillera ton regard : par ici d'immenses étendues de plaines ouvertes sur l'infini, par là des chaînes montagneuses dont les crêtes neigeuses se dressent et montent droit dans le ciel ; des rivières qui dévalent les pentes et des cours d'eau qui se séparent dès leur source pour se répandre vers le Couchant ou le Levant, des bois oscillant à leurs cimes et une infinité de forêts avec leurs animaux et le concert discordant de leurs oiseaux ;

5. des villes au site varié, des nations séparées par des obstacles géographiques, les unes retirées sur des hauteurs montagneuses, les autres s'étirant peureusement le long des rivières, autour des lacs et au fond des vallées ; des moissons enrichies par le travail de l'homme et des vergers à l'état sauvage sans personne

pour les cultiver ; des ruisseaux qui coulent doucement à travers prés, de charmantes baies et des rivages qui s'incurvent pour créer un port ; et sur le vaste océan, toutes ces îles disséminées qui servent de repères pour différencier les mers.

6. Sans oublier l'éclat des pierres précieuses et des perles, l'or que charrient dans leurs sables des torrents impétueux, les torches de feu qui montent dans le ciel depuis le centre de la terre et parfois depuis le centre de la mer et l'Océan qui forme une ceinture autour des continents, rompant de sa triple boucle la continuité entre les nations et ignorant toute mesure dans ses débordements.

7. Tu y verras nager, dans des eaux agitées et houleuses malgré l'absence de vent, des monstres dont la taille excède celle des animaux terrestres, les uns lourds et se laissant guider dans leurs déplacements par un autre animal, certains rapides et plus vifs que des rameurs en pleine action, certains enfin aspirant les vagues d'eau et les recrachant au grand péril des marins naviguant dans les parages. Tu y verras des bateaux en quête de terres inconnues ; tu verras qu'il n'y a rien que n'ait tenté l'audace humaine et tu seras à la fois témoin et acteur de ces hardies entreprises ; tu apprendras et enseigneras des savoirs qui prémunissent la vie, l'agrémentent ou la régissent.

8. Mais sur terre, tu rencontreras mille fléaux pour les corps et les âmes : guerres, vols, empoisonnements, naufrages, intempéries et fièvres, deuils prématurés d'êtres chers et enfin la mort dont on ne sait jamais si elle sera douce ou si elle s'accomplira au milieu des tourments et des tortures. Réfléchis bien

avant de te décider : pour parvenir aux merveilles citées plus haut, voilà par quoi il te faut passer. » Tu répondras que tu veux vivre ? Bien sûr ! Allons donc ! refuseras-tu d'entrer dans un état dont la moindre mutilation t'est insupportable ? Vis donc en fonction de ce qui a été convenu ! « Mais personne, dis-tu, ne nous a consultés. » Pour nous, ce sont nos parents qui ont été consultés, eux qui connaissaient les clauses de la vie et nous ont élevés dans leur respect.

XIX

1. Mais pour en revenir aux consolations, voyons d'abord ce qu'il faut soigner, nous verrons ensuite par quels moyens. Ce qui trouble la personne en deuil, c'est le regret de l'être qu'elle aimait. Mais manifestement, cela est en soi supportable : les gens qui sont absents et qui le seront toute leur vie, nous ne les pleurons pas quoique en perdant la possibilité de les voir, nous ayons aussi perdu toute relation avec eux. C'est donc notre imagination qui nous torture et un malheur n'a jamais que l'importance que nous lui accordons. Nous avons notre guérison entre nos mains. Considérons qu'ils sont absents et abusons-nous volontairement : nous les avons laissés partir ou plutôt, nous les avons laissés partir les premiers et nous allons les rejoindre.

2. Voici également ce qui trouble la personne en deuil : « Il n'y aura plus personne pour me protéger, plus personne pour me défendre contre le mépris d'autrui. » Si je peux me permettre d'avoir recours à

une consolation sans grandeur mais réelle, je te dirai que dans notre cité, on gagne en perdant ses enfants plus de considération qu'on n'en perd et la solitude qui jadis était fatale aux gens âgés, leur donne un tel pouvoir que certains font semblant de haïr leurs fils, renient leurs enfants et se font passer pour des gens sans enfants.

3. Je sais ce que tu veux dire : « Ce qui me trouble, ce ne sont pas les préjudices que je subis car il ne mérite pas qu'on le console, celui qui regrette la disparition de son fils comme il aurait regretté celle de son esclave, et qui trouve le moyen d'envisager, quand il s'agit de son fils, autre chose que la personne de son fils. » Mais alors, Marcia, qu'est-ce qui te trouble ? Que ton fils ait disparu ? Ou qu'il n'ait pas vécu longtemps ? Si c'est sa disparition, tu aurais toujours dû souffrir car tu as toujours su qu'il mourrait.

4. Songe qu'un défunt n'éprouve aucune souffrance et que les récits qui nous font redouter les Enfers sont des légendes, qu'il n'y a pas de ténèbres qui enveloppent les morts, qu'il n'y a ni prison ni rivière de feu ni fleuve de l'Oubli ni tribunaux ni accusés et que dans une liberté aussi totale, on ne retrouve pas de tyrans : ce ne sont que chimères de poètes qui nous ont affolés avec de vaines terreurs.

5. La mort signe la disparition de toutes les souffrances, elle constitue une limite que ne franchissent pas nos malheurs et elle nous rend à la tranquillité dans laquelle nous baignions avant notre naissance. Si on a pitié des morts, il faut également prendre en pitié ceux qui ne sont pas nés. La mort n'est ni un bien ni un mal : en effet, il faut être quelque chose pour pou-

voir être bon ou mauvais ; mais ce qui en soi n'est rien et ramène tout au néant, ne nous abandonne à aucune Fortune : en effet, les maux et les biens s'exercent sur de la matière. La Fortune n'a pas prise sur ce que la Nature a laissé échapper et celui qui n'est plus ne peut être malheureux.

6. Ton fils a franchi les limites à l'intérieur desquelles règne la servitude, une grande et éternelle paix l'a accueilli. Rien ne vient l'assaillir, ni la peur de la pauvreté, ni la passion des richesses, ni les excitations du désir qui, à travers le plaisir, mine les âmes ; la jalousie à l'égard de la prospérité d'autrui ne l'atteint pas plus que ne l'accable la jalousie à l'égard de sa propre prospérité et même les insultes ne blessent pas ses chastes oreilles ; aucun désastre en vue, ni public ni privé ; pas d'inquiétude pour le futur, pas de dépendance à l'égard d'un événement qui apporte des compensations toujours plus incertaines. Enfin il se trouve un lieu d'où rien ne peut le chasser, où rien ne peut lui faire peur.

XX

1. Oh ! comme ils ignorent leurs maux, ceux qui ne louent ni n'attendent la mort comme étant la plus belle invention de la Nature et, selon qu'elle met un terme à la prospérité, qu'elle écarte le malheur, qu'elle en finit avec la lassitude du vieillard qui s'impatiente, qu'elle emporte, dans la fleur de l'âge, une jeunesse en train d'espérer des jours meilleurs ou qu'elle rappelle à elle une enfance avant des étapes

plus difficiles à franchir, pour tous elle est une fin, pour beaucoup un remède, pour certains un vœu et elle rend surtout service à ceux qu'elle rejoint avant qu'ils ne la réclament.

2. C'est elle qui distend les liens de l'esclavage contre le gré du maître ; c'est elle qui allège les chaînes des prisonniers ; c'est elle qui sort de leur prison ceux auxquels un pouvoir tyrannique avait interdit de sortir ; c'est elle qui montre aux exilés, qui ont toujours l'esprit et le regard tournés vers leur patrie, que peu importe sous quel sol on repose ; c'est elle qui, lorsque la Fortune a mal réparti les biens communs et qu'elle a fait cadeau d'un homme à un autre alors qu'ils sont égaux en droit par la naissance, rétablit l'égalité ; après son passage, personne ne peut imposer ses caprices à quiconque ; en elle, personne ne souffre de son humble condition ; elle ne se refuse à personne ; c'est elle, Marcia, que ton père a tant désirée ; c'est elle, dis-je, qui fait que naître n'est pas un supplice, qui fait que je ne m'effondre pas devant les malheurs qui me menacent, que je peux garder mon âme intègre et indépendante : je sais où m'adresser.

3. Sur terre, je vois des instruments de torture. Il en existe plus d'une sorte et ils diffèrent suivant les pays où on les fabrique : certains pratiquent la pendaison la tête en bas, d'autres l'empalement des organes sexuels, d'autres l'écartèlement des bras sur des fourches patibulaires ; je vois des boyaux, je vois des fouets et des appareils différents suivant le membre concerné. Mais je vois aussi la mort. Sur terre, il y a des ennemis sanguinaires, des concitoyens pleins de morgue ; mais j'y vois aussi la mort. Il n'est pas

pénible d'être esclave dès lors que, si la servitude pèse trop, un seul pas suffit pour gagner la liberté. Je t'aime, ô vie, grâce à la mort !

4. Songe à tout le bien que comporte une mort opportune et à tous ces gens qui eurent à souffrir d'avoir vécu trop longtemps. Si Cneus Pompée, cette fierté et ce pilier de l'empire, avait succombé à sa maladie à Naples, il partait sans aucun doute avec le titre de premier des citoyens romains. Mais en fait, un court délai supplémentaire provoqua sa chute. Il vit ses légions se faire massacrer sous ses yeux et à l'issue de la bataille (11) dans laquelle le Sénat était en première ligne, il vit — infortuné survivant — que leur général était, lui, toujours vivant ; il vit son bourreau égyptien et il offrit à un homme de main son corps resté sacré aux yeux de ses vainqueurs ; mais même s'il avait gardé la vie sauve, il l'aurait regretté : qu'y aurait-il eu de plus honteux pour Pompée que de devoir la vie à un roi ?

5. Si Marcus Cicéron était tombé à l'époque où il échappa aux poignards de Catilina qui le visaient en même temps qu'ils visaient la patrie, s'il était tombé en sauveur de la République qu'il avait libérée, si enfin il avait suivi sa fille au tombeau, il aurait encore pu mourir heureux. Il n'aurait pas vu jaillir les épées pour ôter la vie à des citoyens ni les assassins se partager les biens de leurs victimes auxquelles ils firent même payer les frais de leur propre mort, il n'aurait pas vu les dépouilles d'un consul vendues à l'encan ni les massacres commandités par l'Etat, les actes de brigandage, les guerres, les pillages et tous ces Catilinas !

6. Si la mer avait englouti Caton à son retour de

Chypre où il avait réglé la succession du roi (12), même avec cet argent qu'il apportait et qui allait financer la Guerre Civile, est-ce que cela n'aurait pas été pour lui une bonne affaire ? Il aurait au moins emporté avec lui la conviction que personne ne pouvait se permettre de commettre une mauvaise action en présence de Caton. Mais en réalité un délai supplémentaire de quelques années contraignit ce héros né pour la liberté — non seulement la sienne mais celle du peuple — à fuir César, à suivre Pompée.

Ainsi la mort prématurée de ton fils ne lui a pas fait le moindre mal ; elle l'a même dispensé de subir toutes sortes de maux.

XXI

1. « Tout de même, diras-tu, il est mort trop tôt et trop jeune. » Commence par supposer qu'il lui soit resté à vivre... voyons... imagine sur quelle durée au maximum un être humain peut prolonger sa vie, combien cela fait-il ? Mis au monde pour un temps très bref, prêts à nous retirer bientôt devant qui viendra à son tour remplir son contrat, nous nous représentons ce temps comme un séjour sous le toit d'un hôte. Est-ce que je ne parle ici que de nos vies que le Temps déroule à un rythme incroyablement rapide ? Calcule combien de siècles d'existence ont les villes : tu verras combien celles-là mêmes qui se vantent de leur ancienneté existent depuis peu de temps. Toutes choses humaines sont brèves, périssables et occupent une part négligeable de l'éternité.

2. Quant à notre Terre avec ses villes, ses peuples, ses rivières et la mer qui l'entoure, nous la comptons pour un point à l'échelle de l'univers ; notre vie occupe moins de place qu'un point si on la compare à l'éternité dont les dimensions dépassent celles de l'univers, vu que ce dernier se redéploie si souvent au sein de l'éternité. A quoi bon, dès lors, prolonger ce qui, même augmenté considérablement, ne dépassera guère le néant ? Nous ne vivons beaucoup que d'une seule manière : en ayant vécu suffisamment.

3. Tu peux toujours me citer des héros qui ont vécu longtemps et dont la longévité est restée dans les mémoires, tu peux toujours dénombrer cent dix années à l'actif de chacun d'entre eux : quand tu auras abandonné ton âme à l'éternité, la différence entre la vie la plus brève et la vie la plus longue sera inexistante si tu compares le temps pendant lequel un homme a vécu avec le temps pendant lequel il n'a pas vécu.

4. Ensuite, ton fils est bien mort au bon moment : il a vécu en effet, autant qu'il le devait, il ne lui restait plus rien à vivre. L'âge de la vieillesse varie d'un être humain à un autre et il varie aussi d'un animal à un autre. La vieillesse a raison de certains animaux au bout de quatorze années et cet âge, qui pour eux est le plus avancé, correspond à la jeunesse chez l'être humain : la capacité à vivre a été inégalement octroyée à chacun. Personne ne meurt trop tôt puisque personne n'était destiné à vivre plus longtemps qu'il n'a vécu.

5. Une limite a été fixée à chacun : elle restera toujours là où elle a été mise et aucun zèle, aucune faveur, ne la fera avancer plus loin. Sois bien persuadée que lorsque tu as perdu ton fils, cela avait été

décidé. Il a subi son destin

« et il a atteint les bornes de la durée qui lui était allouée ». (13)

6. Tu n'as donc pas lieu de te mortifier à la pensée qu'« il aurait pu vivre plus longtemps ». Sa vie n'a pas été brutalement interrompue et jamais le hasard ne s'immisce dans le cours des ans. La promesse qui fut faite à chacun est tenue : les destins vont leur chemin sans rien ajouter ni retrancher à ce qui fut promis une fois pour toutes. Prières et efforts sont vains : chacun aura exactement ce qui lui fut assigné le premier jour de sa vie. Dès l'instant où l'on voit la lumière du jour, on prend le chemin de la mort, on se rapproche du terme fatal et les années mêmes qui allongeaient la jeunesse raccourcissaient la vie.

7. Nous tombons tous dans l'erreur de croire que seuls les vieillards et les êtres déjà sur le déclin glissent vers la mort alors que déjà notre petite enfance et notre jeunesse, et finalement tout âge, nous y conduisent. Les destins font leur œuvre : ils nous empêchent de comprendre que nous sommes en train de mourir et afin de nous surprendre plus facilement, la mort se dissimule derrière le nom même de la vie ; le premier âge se mue en enfance, l'enfance en adolescence et l'homme mûr disparaît derrière le vieillard. Si on y réfléchit bien, c'est précisément quand on gagne que l'on perd.

XXII

1. Tu te plains, Marcia, de ce que ton fils n'aurait pas vécu aussi longtemps qu'il l'aurait pu ? Mais

comment sais-tu s'il aurait gagné à vivre plus longtemps ? ou si cette mort répondait à ses intérêts ? Peux-tu aujourd'hui trouver quelqu'un dont la situation soit assez solidement établie pour qu'il n'ait rien à redouter des jours à venir ? Les choses humaines sont vacillantes et fluctuantes, aucune partie de notre vie n'est aussi exposée ou aussi vulnérable que celle qui nous plaît le plus et nous devrions souhaiter la mort en plein bonheur car dans toute cette instabilité et cette confusion qui caractérisent la vie, nous ne pouvons être sûrs que de notre passé.

2. Qui te promet que ce corps de ton fils, si beau et resté si parfaitement chaste sous les regards d'une ville débauchée, aurait pu échapper à toutes ces maladies de façon à garder intacte, jusqu'à la vieillesse, la beauté qui faisait sa gloire ? Songe aux mille souillures de l'âme : en effet même les natures droites ne remplissent pas jusqu'à la vieillesse les espoirs qu'elles avaient suscités dans leur jeunesse et le plus souvent, elles s'altèrent ; ou bien ces gens se laissent gagner par une tardive et d'autant plus honteuse débauche qui se met à ternir leurs débuts prometteurs ou bien ils se vautrent dans les plaisirs de la gastronomie et se préoccupent essentiellement de savoir ce qu'ils vont manger ou boire.

3. Sans oublier les incendies, les maisons qui s'écroulent, les naufrages et les mutilations opérées par des médecins qui extraient les os à vif, plongent leurs mains dans les chairs et soignent les parties honteuses au prix d'une douleur infinie ; viennent ensuite l'exil (ton fils n'était pas plus irréprochable que Rutilius), (14), la prison (il n'était pas plus sage que

Socrate), le suicide par l'épée (il n'était pas plus vertueux que Caton). Quand tu auras pris ces éléments en considération, tu sauras que ceux qui sont le mieux traités par la Nature sont ceux qu'elle a tôt recueillis en lieu sûr car c'était là le tribut à la vie qui les attendait. Rien n'est aussi trompeur que la vie humaine, rien n'est aussi traître ; et, j'en suis certain, personne ne l'aurait acceptée si elle ne nous était octroyée à notre insu. Voilà pourquoi, si la chance suprême est de ne pas naître, ce qui s'en rapproche le plus, à mon avis, c'est de retrouver rapidement, après une vie brève, son état premier.

4. Revois ce temps, si amer pour toi, où Séjan offrit ton père en cadeau à son client Satrius Secundus. Il reprochait à ton père d'avoir parlé une ou deux fois trop librement : celui-ci n'avait pas pu tolérer sans rien dire qu'on nous fasse supporter Séjan sur nos épaules ou plutôt qu'il y grimpe. Il était décidé de lui élever une statue dans le théâtre de Pompée que César remettait en état après qu'il eut brûlé : Cordus s'écria que cette fois, c'en était fini du théâtre pour de bon.

5. Eh quoi ! pouvait-il ne pas exploser de colère en voyant Séjan s'élever sur les cendres de Cneus Pompée et en voyant ce soldat déloyal obtenir la consécration dans des monuments à la mémoire du plus grand des généraux ? Sacrée fut aussi sa signature au bas de l'acte d'accusation et ses chiens déchaînés qu'il abreuvait de sang humain afin d'être le seul à bénéficier de leur mansuétude et d'en faire des bêtes sauvages au contact de toute autre personne, se mirent à aboyer tout autour de cet homme pourtant déjà pris au piège.

6. Que pouvait-il faire ? S'il voulait vivre, il fallait en prier Séjan, s'il voulait mourir, il fallait en prier sa fille, et tous deux étaient inexorables. Il décida de tromper sa fille. C'est ainsi qu'il prit un bain afin de s'affaiblir le plus possible puis il se retira dans sa chambre en prétextant qu'il allait manger un peu et après avoir renvoyé ses esclaves, il jeta une partie de la nourriture par la fenêtre pour faire croire qu'il avait mangé ; il s'abstint ensuite de dîner en prétextant qu'il avait déjà mangé suffisamment dans sa chambre. Il fit de même le lendemain et le surlendemain ; le quatrième jour, tout fut clair, tant il était faible physiquement. C'est alors qu'il t'embrassa et te dit : « Ma fille chérie, ceci est la seule chose que je t'aie cachée de toute ma vie : je me suis engagé sur le chemin de ma mort et j'en ai déjà fait presque la moitié : tu ne dois ni ne peux me rappeler en arrière. »

Et après ces mots, il fit fermer tout accès à la lumière et s'ensevelit dans les ténèbres.

7. Quand sa décision fut connue, tous se réjouirent de voir la proie échapper aux crocs des loups affamés. A l'instigation de Séjan, les délateurs se présentèrent devant les tribunaux consulaires et se plaignirent de ce que Cordus était en train de mourir, afin d'interrompre le processus auquel eux-mêmes l'avaient contraint ; tant ils voyaient Cordus leur échapper. L'enjeu était d'importance : allaient-ils perdre leur droit de mort sur l'accusé ? Pendant qu'on délibérait, pendant que les délateurs portaient plainte une deuxième fois, Cordus s'était lui-même acquitté. Vois-tu, Marcia, quels injustes revirements de Fortune fondent sur nous inopinément ? Tu pleures parce que

l'un des tiens a dû mourir ? Encore heureux qu'il l'ait pu !

XXIII

1. Outre que le futur est toujours incertain et risque plus sûrement d'empirer, les âmes qui cheminent le plus facilement vers les dieux du ciel sont les âmes tôt libérées de la fréquentation des humains : elles ploient sous un moindre poids de boue. Délivrées avant de s'être endurcies et de s'être trop profondément imprégnées de matière terrestre, elles retournent plus légères vers leur origine et se nettoient plus facilement de toutes leurs souillures.

2. Et jamais les natures nobles n'aiment s'attarder dans leur corps ; elles sont impatientes d'en sortir et de lui échapper et elles supportent difficilement de telles limitations, habituées qu'elles sont à vagabonder librement dans l'univers et à mépriser depuis leurs hauteurs le monde des humains. C'est pourquoi Platon s'écrie que l'âme du sage tend tout entière vers la mort : c'est ce qu'elle veut, ce à quoi elle pense, c'est sa passion de toujours qui l'entraîne, elle qui cherche toujours à sortir.

3. Mais tout de même ! Quand tu voyais en ce jeune homme une sagesse de vieillard, une âme victorieuse de tous les plaisirs, intègre, sans défauts, recherchant les richesses sans convoitise, les honneurs sans vanité et les plaisirs sans excès, croyais-tu que tu aurais la chance de le garder longtemps indemne ? Tout ce qui a atteint la perfection est proche de sa fin. Une vertu

achevée se dérobe à nos regards et ce qui a mûri prématurément n'attend pas jusqu'à l'arrière-saison.

4. Plus un feu jette d'éclat, plus tôt il s'éteint ; il est plus vivace si aux prises avec un matériau résistant et difficile à brûler, il est étouffé par la fumée et luit faiblement : la raison pour laquelle il se nourrit mal est aussi la raison pour laquelle il reste allumé. De même, plus une nature est brillante, moins elle vit ; là où il n'y a plus d'amélioration possible, le déclin est proche.

5. Fabianus raconte — nos parents l'ont vu eux aussi — qu'il y avait à Rome un garçon de la taille d'un géant ; mais celui-ci eut tôt fait de mourir et tous les sages avaient prévu qu'il allait mourir sans tarder : c'est qu'il ne pouvait pas parvenir jusqu'à l'âge qu'il avait eu par anticipation. Ainsi en est-il : une excessive maturité est le signe d'une mort imminente ; la fin approche quand les progrès ont été consommés.

XXIV

1. Mets-toi à compter ses qualités, non ses années : tu verras qu'il a vécu assez longtemps. Orphelin de père, il fut placé sous la surveillance de ses tuteurs jusqu'à sa quatorzième année, mais il resta sous la tutelle de sa mère toute sa vie. Bien qu'il eût une demeure à lui, il ne voulut pas quitter la tienne et il resta sous le toit maternel à un âge où les enfants supportent difficilement de vivre sous le toit paternel. Jeune homme, sa stature, sa beauté, sa particulière robustesse le destinaient au métier des armes : il refusa pour ne pas s'éloigner de toi.

2. Considère, Marcia, combien les mères qui vivent dans une maison séparée voient rarement leurs enfants ; songe à toutes les années qui sont perdues pour les mères et qu'elles passent dans l'angoisse pendant que leurs fils sont à l'armée : tu comprendras que tu as largement profité de cette période dont tu n'as rien perdu. Jamais il ne s'est éloigné de ton regard ; sous tes yeux, il donna forme aux potentialités d'une nature d'exception qui aurait égalé celle de son grand-père, n'eût été l'obstacle de la modestie qui étouffe sous le silence les progrès de beaucoup de gens.

3. Jeune homme d'une beauté rarissime vivant parmi tant de femmes qui ne cherchaient qu'à séduire les hommes, il ne flatta les espérances d'aucune d'entre elles et lorsque l'effronterie de certaines fut parvenue à le tenter, il rougit de leur avoir plu comme s'il avait commis une faute. Le caractère irréprochable de sa conduite fit qu'encore adolescent, il parut digne du sacerdoce, grâce aux recommandations de sa mère, sans aucun doute, mais même sa mère n'aurait rien pu faire s'il n'avait été un bon candidat.

4. Maintenant que tu peux contempler ses qualités, prends ton fils, si j'ose dire, dans tes bras ! Maintenant il a plus de temps à te consacrer, maintenant il n'a rien qui puisse le détourner de toi ; jamais il ne te causera d'inquiétude, jamais il ne te causera de chagrin. Tu as éprouvé la seule souffrance que tu pouvais éprouver venant d'un si bon fils ; tout ce que tu peux éprouver d'autre exclut les malheurs et n'est que plaisir pourvu que tu saches en user avec ton fils, pourvu que tu comprennes ce qui avait le plus de prix en lui.

5. Ce qui a disparu, c'est seulement l'image de ton fils — un portrait de lui bien peu ressemblant ! Lui, il est éternel et sa situation présente est plus enviable, maintenant qu'il a été dépouillé de tout ce qui l'encombrait et qu'il a été laissé à lui-même. Ce dont tu nous vois revêtus — nos os, nos nerfs et la peau qui les recouvre, notre visage, nos mains qui nous aident et tout le reste de notre enveloppe — ce sont les chaînes et les ténèbres de notre âme. Ils l'ensevelissent, l'étouffent, l'empoisonnent, l'écartent du vrai et de ce qui lui est propre en la poussant vers le faux. Elle ne cesse de se battre contre cette chair grossière pour ne pas se laisser entraîner et s'y engluer ; elle s'efforce de regagner le lieu d'où elle est descendue. Là, un repos éternel l'attend et elle voit, au sortir du désordre et de la fange, pureté et sérénité.

XXV

1. Ainsi tu n'as pas à te précipiter auprès de la tombe de ton fils ; il y repose la part de lui-même la plus vile et qui l'a gêné le plus — des os et des cendres qui ne font pas plus partie de lui-même que jadis ses habits et autres protections corporelles. Tout son être s'est échappé et a quitté la vie complètement, sans rien laisser de lui sur terre ; il s'est attardé quelque peu au-dessus de nous, le temps de se purifier et de se laver des imperfections qui s'accrochaient à lui et de toute la pourriture attachée à une vie de mortel, puis il s'est élevé au plus haut des cieux et a couru rejoindre les âmes des bienheureux. La communauté

vénérable des Scipions et des Catons l'accueillit et il retrouva, parmi ceux qui avaient méprisé la vie et s'en étaient libérés par le poison, ton père, Marcia.

2. Bien que là-bas, tous fassent partie de la même famille, c'est ton père qui garde à ses côtés son petit-fils ravi de voir cette extraordinaire lumière, lui enseigne le cours des astres voisins et l'initie avec plaisir aux mystères de la Nature grâce à des connaissances qu'il fonde non sur des suppositions mais sur son expérience de la vérité en toutes choses ; pareil à l'étranger reconnaissant pour celui qui le guide dans des villes inconnues, ton fils désireux de connaître les causes des phénomènes célestes est reconnaissant envers son parent qui s'en fait l'interprète. Ton père lui fait aussi jeter un coup d'œil sur la Terre, tout en bas : il est agréable de revoir d'en haut ce qu'on a laissé.

3. Comporte-toi donc, Marcia, en pensant que tu vis sous les yeux de ton père et de ton fils (non pas tels que tu les connaissais mais tellement plus nobles et séjournant au plus haut des cieux). Rougis de nourrir la moindre pensée basse ou vulgaire et de pleurer les tiens alors que leur condition s'est améliorée ! Ils se sont envolés dans les vastes et libres espaces de l'éternité : pas de mer qui s'interpose entre eux, pas de haute montagne, pas de vallée inaccessible, pas de Syrtes aux bas-fonds peu sûrs. Là, toutes les surfaces sont aplanies ; se mouvant facilement et libres de toute entrave, ils se laissent traverser par les astres et à leur tour, se fondent en eux.

XXVI

1. Imagine donc que depuis cette citadelle céleste, Marcia, ton père qui eut autant d'autorité sur toi que tu en eus sur ton fils, s'adresse à toi non pas sur le ton dont il déplora les guerres civiles, dont il proscrivit lui-même pour l'éternité les proscripteurs mais sur un ton d'autant plus élevé qu'il séjourne lui-même en des lieux plus sublimes :

2. « Pourquoi, ma fille, restes-tu depuis si longtemps la proie du chagrin ? Pourquoi vis-tu dans l'ignorance du vrai au point d'estimer que ton fils a été traité injustement parce que sans que sa famille ou lui-même aient subi le moindre dommage, il est allé retrouver ses ancêtres ? Ne sais-tu pas dans quels tourbillons la Fortune disperse toutes choses ? Combien elle ne se montre bienveillante et de bonne composition qu'à ceux qui avaient très peu à faire avec elle ? Dois-je t'énumérer les rois qui auraient été les plus heureux du monde si la mort les avait plus tôt soustraits aux malheurs suspendus sur leur tête ? Ou ces chefs romains à la grandeur desquels rien n'aurait manqué si on leur avait retranché une partie de leur vie ? Ou encore ces hommes si nobles et si illustres qui courbèrent la nuque pour l'offrir à l'épée d'un simple soldat ?

3. Repense à ton père et à ton grand-père : ce dernier est tombé à la merci d'un assassin qui lui était inconnu ; quant à moi, je n'ai laissé personne avoir de droit sur moi et en me privant de nourriture, j'ai montré que j'avais dans la vie autant de courage que j'en laissais voir dans mes écrits. Pourquoi, dans notre

famille, pleure-t-on le plus longtemps celui qui a eu la mort la plus heureuse ? Nous nous sommes tous retrouvés et nous voyons, maintenant que nous ne sommes plus plongés dans de profondes ténèbres, que chez vous, contrairement à ce que vous croyez, il n'y a rien d'enviable, rien d'élevé, rien de glorieux : tout n'y est que bassesse, lourdeur, angoisse et vous ne distinguez qu'une faible part de notre lumière !

4. Faut-il ajouter qu'ici, il n'y a pas d'armées qui se livrent des combats acharnés, pas de flottes qui s'anéantissent mutuellement, pas de parricides qui se trament à l'avance, pas de forums qui résonnent du tapage des procès à longueur de journées, rien n'est secret, les pensées sont à découvert, les cœurs sont ouverts, notre vie est transparente à tous et nous avons sous les yeux toutes les époques ainsi que les événements à venir ?

5. J'aimais compiler les faits accomplis à une époque donnée dans une partie très reculée de l'univers et au milieu d'un groupe humain restreint. Maintenant, il m'est donné de voir d'innombrables époques, l'enchaînement et la succession d'innombrables âges et l'ensemble des années ; il m'est donné de contempler les royaumes qui vont monter en puissance et ceux qui vont s'effondrer, la chute de grandes villes et les nouveaux empiètements de la mer.

6. En effet, si notre destin commun peut te consoler de ton deuil, sache que rien ne restera définitivement à la même place et que le temps qui passe balaiera et emportera toutes choses dans son sillage. Et il ne se jouera pas seulement des humains (ceux-ci ne forment en effet qu'une infime partie de ce que le Destin tient

sous sa coupe), mais aussi de lieux, de contrées, de parties de l'univers. Il rasera des montagnes entières et ailleurs, il fera surgir de terre de nouveaux sommets rocailleux ; il absorbera des mers, détournera des rivières et en rompant toute communication entre les peuples, il anéantira la société et l'union du genre humain ; ailleurs, en des gouffres immenses il engloutira des villes et il les secouera de tremblements de terre, il fera sortir des profondeurs de la terre des exhalaisons pestilentielles, il inondera toutes les terres habitées et noiera tous les animaux de la terre, il brûlera et embrasera en de vastes incendies le monde des mortels. Et quand sera venu le temps où l'univers disparaîtra pour se renouveler ensuite, ces éléments se détruiront d'eux-mêmes, les astres s'entrechoqueront et dans un embrasement général de la matière, tout ce qui brille actuellement en bon ordre brûlera d'un même feu.

7. Nous aussi, les âmes des bienheureux, qui avons reçu l'éternité en partage, quand Dieu aura décidé de reconstruire tout cela, nous ne serons, nous-mêmes, tandis que s'effondreront toutes choses, qu'une partie infime de l'immense cataclysme et nous retournerons à nos éléments premiers. »

Bienheureux ton fils, Marcia, car il connaît déjà tout cela !

Notes

1. Marcellus avait épousé Julia, fille d'Auguste.
2. C'est le nom que Livia reçut après la mort d'Auguste.
3. J'ai opté ici pour l'édition Waltz (Belles Lettres).
4. Vers de Publilius Syrus, mime célèbre pour ses maximes.
5. Allusion au surnom (felix en latin) que s'était attribué Sylla après sa victoire sur Mithridate.
6. Dernier roi de Macédoine.
7. Julie, que César avait mariée à Pompée.
8. Drusus et Germanicus.
9. Virgile, *Enéide*, III, v. 418.
10. Les Latomies.
11. La bataille de Pharsale à laquelle survécut Pompée.
12. L'héritage du roi Ptolémée.
13. Virgile, *Enéide*, X, v. 472.
14. P. Rutilius Rufus dont l'intégrité dans la vie publique fut cause de son exil.

Table

Rivages poche/Bibliothèque étrangère

Reinaldo Arenas
Le Portier (n° 26)
Ambrose Bierce
Le Dictionnaire du Diable (n° 11)
Contes noirs (n° 59)
Paul Bowles
Le Scorpion (n° 3)
L'Écho (n° 23)
Un thé sur la montagne (n° 30)
Truman Capote
Un été indien (n° 9)
Fausta Cialente
Les Quatre Filles Wieselberger (n° 10)
Alfred Döblin
L'Assassinat d'une renoncule (n° 25)
Heimito von Doderer
Un meurtre que tout le monde commet (n° 14)
Eva Figes
Lumière (n° 5)
Kaye Gibbons
Ellen Foster (n° 4)
Une femme vertueuse (n° 31)
Christopher Isherwood
Le Condor (n° 28)
Henry James
Mémoires d'un jeune garçon (n° 27)
Owen Wingrave (n° 36)

David Lodge
Jeu de société (n° 44)
Changement de décor (n° 54)
Alison Lurie
Les Amours d'Emily Turner (n° 7)
La Ville de nulle part (n° 21)
La Vérité sur Lorin Jones (n° 32)
Des gens comme les autres (n° 38)
Conflits de famille (n° 46)
Javier Marías
L'Homme sentimental (n° 24)
Steven Millhauser
La Galerie des jeux (n° 37)
Lorrie Moore
Des histoires pour rien (n° 8)
Vies cruelles (n° 61)
Cynthia Ozick
Le Rabbi païen (n° 29)
Grace Paley
Les Petits Riens de la vie (n° 1)
Plus tard le même jour (n° 13)
Victor Paskov
Ballade pour Georg Henig (n° 33)
Walker Percy
Le Cinéphile (n° 18)
Barbara Pym
Adam et Cassandra (n° 15)
Secret, très secret (n° 35)
Lorsqu'un matin d'orage (n° 47)
Umberto Saba
Couleur du temps (n° 6)
Comme un vieillard qui rêve (n° 17)

Natsumé Sôseki

Oreiller d'herbes (n° 2)

Clair-obscur (n° 22)

Robert Louis Stevenson

Fables (n° 20)

La Magicienne (n° 34)

Olalla (n° 56)

Italo Svevo

Le Destin des souvenirs (n° 12)

Elizabeth Taylor

Angel (n° 41)

Paul West

Le Médecin de Lord Byron (n° 50)

Évguéni Zamiatine

Seul (n° 16)

Le Pêcheur d'hommes (n° 19)

Rivages poche/Petite bibliothèque
Collection dirigée par Lidia Breda

Aristote

L'Homme de génie et la Mélancolie (n° 39)

Rhétorique des passions (n° 40)

Boèce

Consolation de la Philosophie (n° 58)

Hippocrate

Sur le rire et la folie (n° 49)

Fernando Pessoa

Fragments d'un voyage immobile (n° 42)

Lettres à la fiancée (n° 43)

Pétrarque

Mon secret (n° 52)

Arthur Schnitzler
Lettres aux amis (n° 45)
Relations et Solitudes (n° 51)
Schopenhauer
Douleurs du monde (n° 57)
Sénèque
De la tranquillité de l'âme (n° 48)
De la brièveté de la vie (n° 53)
Consolations (n° 60)
Georg Simmel
Philosophie de l'amour (n° 55)

Petite bibliothèque Rivages

Alfred Döblin
Sur la musique (n° 12)
Karl Kraus
La Littérature démolie (n° 14)
Cette grande époque (n° 16)
Longin
Du sublime (n° 21)
Montaigne
De la vanité (n° 6)
Friedrich Nietzsche
Dernières Lettres (n° 11)
Arthur Schnitzler
La Transparence impossible (n° 20)
Emanuele Severino
La Loi et le Hasard (n° 18)
Georg Simmel
La Tragédie de la culture et Autres Essais (n° 2)
Michel-Ange et Rodin (n° 13)

Achevé d'imprimer
le 5 janvier 1992
sur les presses de
l'imprimerie A. Robert
116, bd de la Pomme - 13011 Marseille
pour le compte
des Éditions Rivages
106, bd Saint-Germain - 75006 Paris

Dépôt légal : janvier 1992